高穩定，超獲利

超馬芭樂帶你一舉攻破
定存、個股、ETF、基金

超馬芭樂 （王仲麟） 著

化解你的投資迷思

　　距離上次出書已經是六年前的事了，這六年多來除了一樣悠閒、甚至更加樂活地過日子之外，我也常在自己的臉書、節目錄影，以及其他公開演講場合，與無數朋友交流互動。無論是股票的存股與操作、ETF 的存股與操作，以及股票型與債券型基金的單筆投資與定期定額，我都很樂意跟大家討論分享。不過，我也直接地感受到許多朋友的心聲：明明……怎麼……

　　明明是根據高現金殖利率概念去挑選現金股利存股標的，怎麼存下去就完全變了樣，領息的狀況跟期待感完全不一樣？

　　要假設最壞的可能，才能創造最高的穩定，而投資人都忽略了。

　　明明是參考專家跟網路的篩選標準，嚴選出股票股利存股標的，怎麼專家選的表現普普，被專家淘汰的標的反而表現亮眼？

　　評估股票股利殖利率，投資人卻採用錯誤的計算公式。

明明有遵守微笑曲線的方式，定期定額投資基金，中途也沒停扣，即使淨值反彈了，定期定額的績效怎麼還是這般乏善可陳？

　　把微笑曲線搞成苦笑曲線，才會笑不出來，確實是搞錯了。

　　因為有太多的「明明」需要釐清，與太多的「怎麼」需要搞懂，超馬芭樂決定寫這本書，帶你化解股票、ETF、基金的投資迷思，並建立正確的操作原則與邏輯。

第 1 章

腳踏實地，將本求利

年這五年，總計美國有 465 家銀行倒閉〔金融海嘯餘韻加上歐債危機〕。近三年新冠疫情席捲全球，在報章媒體看到又有某國家的某銀行宣布倒閉，也非新鮮事。〕既然如此，當你打算存一筆一年期固定利率的定存，在本金確定無虞、安全的前提下，追求較高定存利率的「六、其他」，不應該本就是最優先、甚至是唯一的選項嗎？

　　放心，我沒有、也沒打算要遊說你（我父親的定存以往也只存郵局跟台灣銀行……），只是要跟大家先釐清一些觀念。接下來進入真正重要的第二個問題：如果你願意在本金確定無虞、安全的前提，去追求較高的定存利率，那麼，你是否清楚知道目前台灣哪家銀行，一年期固定利率的定存利率最高？相信知道的朋友不算太多，其實也不用一家家去查問，現今網路發達，只要點進「銀行利率查詢利率比較表 TaiwanRate」網站，就可以查到以不同方式定存的最新評比結果（固定利率、機動利率、不同額度）。

　　例如 300 萬元以下的一年期固定利率定存，寫書當下的查詢結果是中華開發工業銀行，以 1.350％為最優（如圖 1-1-1）。至於一般人很喜歡存的郵局是多少？郵局的一年期固定利率定存是不到 1％的 0.770％（如圖 1-1-2）。那更多人喜歡的台灣銀行呢？台灣銀行的一年期固定利率定存不但不到 1％，比郵局還低只有 0.755％（如圖 1-1-3），更與中華開發工業銀行的 1.350％相差將近一倍。這就是我萬分不解之處。

圖 1-1-1 300 萬元以下一年期固定利率定存表 (1)

最近更新:2023-02-25

在您的部落格網站上安裝利息計算工具!

銀行利率比較查詢首頁 | 銀行固定利率比較表 | 銀行機動利率比較表 | 銀行信用卡循環利率比較 | 銀行現金利率比較 |

固定利率比較 請選擇存款金額=> 300萬以下 500萬以下 1000萬以下 3000萬以下 5000萬以下 1億以下 3億以下 5億以下 10億以下
機動利率比較 請選擇存款金額=> 300萬以下 500萬以下 1000萬以下 3000萬以下 5000萬以下 1億以下 3億以下 5億以下 10億以下

最新圖表!銀行利率1年3年5年10年走勢圖表!

台灣地區銀行定期存款利率今日比較(點擊月份可排序):(存款金額:0至300萬)

銀行	活期利率	活期儲蓄利率	1月(%)	2月(%)	3月(%)	4月(%)	5月(%)	6月(%)	7月(%)	8月(%)	9月(%)	10月(%)	11月(%)	1年(%)	2年(%)	3年(%)	定期儲蓄1年(%)	定期儲蓄2年(%)	定期儲蓄3年(%)
中華開發工業銀行	0.170	0.170	0.880	0.880	0.950	0.950	0.950	1.120	1.120	1.120	1.230	1.230	1.230	1.350	1.380	1.390	1.390	1.390	1.390
板信商業銀行	0.060	0.170	0.600	0.600	0.660	0.660	0.660	0.795	0.795	0.795	0.910	0.910	0.910	1.050	1.060	1.060	1.100	1.110	1.120
台中商業銀行	0.080	0.220	0.600	0.600	0.660	0.660	0.660	0.795	0.795	0.795	0.910	0.910	0.910	1.045	1.070	1.070	1.090	1.095	1.095
台灣中小企銀	0.080	0.230	0.600	0.600	0.660	0.660	0.660	0.770	0.770	0.770	0.880	0.880	0.880	1.045	1.070	1.070	1.090	1.095	1.095
遠東銀行	0.100	0.200	0.600	0.600	0.650	0.650	0.650	0.800	0.800	0.800	0.910	0.910	0.910	1.045	1.060	1.060	1.070	1.070	1.070
台灣工業銀行	0.080	0.080	0.600	0.600	0.640	0.640	0.640	0.780	0.780	0.780	0.890	0.890	0.890	1.040	1.050	1.060	1.060	1.060	1.060
安泰銀行	0.100	0.190	0.600	0.600	0.650	0.650	0.650	0.780	0.780	0.780	0.900	0.900	0.900	1.040	1.050	1.050	1.080	1.080	1.080
聯邦銀行	0.050	0.150	0.590	0.590	0.650	0.650	0.650	0.750	0.750	0.750	0.880	0.880	0.880	1.040	1.085	1.070	1.090	1.100	
華泰商業銀行	0.040	0.150	0.600	0.600	0.650	0.650	0.650	0.780	0.780	0.780	0.910	0.910	0.910	1.040	1.042	1.065	1.070	1.090	1.115
三信商業銀行	0.080	0.200	0.600	0.600	0.660	0.660	0.660	0.780	0.780	0.780	0.900	0.900	0.900	1.035	1.040	1.060	1.070	1.075	1.095
元大商業銀行	0.050	0.160	0.600	0.600	0.630	0.630	0.630	0.770	0.770	0.770	0.880	0.880	0.880	1.035	1.035	1.035	1.050	1.065	1.105
大眾銀行	0.050	0.160	0.600	0.720	0.720	0.630	0.630	0.770	0.770	0.770	0.880	0.880	0.880	1.035	1.035	1.035	1.050	1.065	1.105
新光銀行	0.050	0.100	0.600	0.600	0.650	0.650	0.650	0.790	0.790	0.790	0.900	0.900	0.900	1.035	1.040	1.065	1.070	1.075	1.110
玉山銀行	0.010	0.090	0.590	0.590	0.620	0.620	0.620	0.740	0.740	0.740	0.880	0.880	0.880	1.035	1.020	1.030	1.050	1.050	1.060
陽信銀行	0.030	0.120	0.600	0.600	0.600	0.650	0.650	0.795	0.795	0.795	0.910	0.910	0.910	1.035	1.040	1.065	1.075	1.080	1.120
京城商業銀行	0.040	0.150	0.560	0.560	0.600	0.600	0.600	0.730	0.730	0.730	0.840	0.840	0.840	1.050	1.120	1.070	1.050	1.120	
凱基銀行	0.060	0.160	0.600	0.600	0.640	0.640	0.640	0.750	0.750	0.750	0.890	0.890	0.890	1.030	1.030	1.030	1.050	1.060	1.080
台新銀行	0.060	0.160	0.600	0.600	0.630	0.630	0.630	0.750	0.750	0.750	0.900	0.900	0.900	1.025	1.010	1.010	1.050	1.040	1.040
中國信託銀行	0.010	0.050	0.540	0.540	0.600	0.570	0.570	0.720	0.720	0.720	0.830	0.830	0.830	1.015	1.000	1.000	1.040	1.025	1.050
星展(臺灣)商業銀行	0.070	0.120	0.560	0.580	0.660	0.660	0.660	0.770	0.770	0.770	0.770	0.770	0.770	1.015	1.015	1.015	1.040	1.040	1.040

資料來源：銀行利率查詢利率比較表 TaiwanRate 網站

圖 1-1-2 300 萬元以下一年期固定利率定存表 (2)

最近更新:2023-02-25

在您的部落格網站上安裝利息計算工具!

銀行利率比較查詢首頁 | 銀行固定利率比較表 | 銀行機動利率比較表 | 銀行信用卡循環利率比較 | 銀行現金利率比較 |

固定利率比較 請選擇存款金額=> 300萬以下 500萬以下 1000萬以下 3000萬以下 5000萬以下 1億以下 3億以下 5億以下 10億以下
機動利率比較 請選擇存款金額=> 300萬以下 500萬以下 1000萬以下 3000萬以下 5000萬以下 1億以下 3億以下 5億以下 10億以下

最新圖表!銀行利率1年3年5年10年走勢圖表!

台灣地區銀行定期存款利率今日比較(點擊月份可排序):(存款金額:0至300萬)

銀行	活期利率	活期儲蓄利率	1月(%)	2月(%)	3月(%)	4月(%)	5月(%)	6月(%)	7月(%)	8月(%)	9月(%)	10月(%)	11月(%)	1年(%)	2年(%)	3年(%)	定期儲蓄1年(%)	定期儲蓄2年(%)	定期儲蓄3年(%)
中華開發工業銀行	0.170	0.170	0.880	0.880	0.950	0.950	0.950	1.120	1.120	1.120	1.230	1.230	1.230	1.350	1.380	1.390	1.390	1.390	1.390
板信商業銀行	0.060	0.170	0.600	0.600	0.660	0.660	0.660	0.795	0.795	0.795	0.910	0.910	0.910	1.050	1.060	1.060	1.100	1.110	1.120
台中商業銀行	0.080	0.220	0.600	0.600	0.660	0.660	0.660	0.795	0.795	0.795	0.910	0.910	0.910	1.045	1.070	1.070	1.090	1.095	1.095
台灣中小企銀	0.080	0.230	0.600	0.600	0.660	0.660	0.660	0.770	0.770	0.770	0.880	0.880	0.880	1.045	1.070	1.070	1.090	1.095	1.095
遠東銀行	0.100	0.200	0.600	0.600	0.650	0.650	0.650	0.800	0.800	0.800	0.910	0.910	0.910	1.045	1.060	1.060	1.070	1.070	1.070
台灣工業銀行	0.080	0.080	0.600	0.600	0.640	0.640	0.640	0.780	0.780	0.780	0.890	0.890	0.890	1.040	1.050	1.060	1.060	1.060	1.060
安泰銀行	0.100	0.190	0.600	0.600	0.650	0.650	0.650	0.780	0.780	0.780	0.900	0.900	0.900	1.040	1.050	1.050	1.080	1.080	1.080
聯邦銀行	0.050	0.150	0.590	0.590	0.650	0.650	0.650	0.750	0.750	0.750	0.880	0.880	0.880	1.040	1.085	1.070	1.090	1.100	
華泰商業銀行	0.040	0.150	0.600	0.600	0.650	0.650	0.650	0.780	0.780	0.780	0.910	0.910	0.910	1.040	1.042	1.065	1.070	1.090	1.115
三信商業銀行	0.080	0.200	0.600	0.600	0.660	0.660	0.660	0.780	0.780	0.780	0.900	0.900	0.900	1.035	1.040	1.060	1.070	1.075	1.095
元大商業銀行	0.050	0.160	0.600	0.600	0.630	0.630	0.630	0.770	0.770	0.770	0.880	0.880	0.880	1.035	1.035	1.035	1.050	1.065	1.105
大眾銀行	0.050	0.160	0.600	0.720	0.720	0.630	0.630	0.770	0.770	0.770	0.880	0.880	0.880	1.035	1.035	1.035	1.050	1.065	1.105
新光銀行	0.050	0.100	0.600	0.600	0.650	0.650	0.650	0.790	0.790	0.790	0.900	0.900	0.900	1.035	1.040	1.065	1.070	1.075	1.110
玉山銀行	0.010	0.090	0.590	0.590	0.620	0.620	0.620	0.740	0.740	0.740	0.880	0.880	0.880	1.035	1.020	1.030	1.050	1.050	1.060
陽信銀行	0.030	0.120	0.600	0.600	0.600	0.650	0.650	0.795	0.795	0.795	0.910	0.910	0.910	1.035	1.040	1.065	1.075	1.080	1.120
京城商業銀行	0.040	0.150	0.560	0.560	0.600	0.600	0.600	0.730	0.730	0.730	0.840	0.840	0.840	1.030	1.050	1.120	1.070	1.050	1.120
凱基銀行	0.060	0.160	0.600	0.600	0.640	0.640	0.640	0.750	0.750	0.750	0.890	0.890	0.890	1.030	1.030	1.030	1.050	1.060	1.080
台新銀行	0.060	0.160	0.600	0.600	0.630	0.630	0.630	0.750	0.750	0.750	0.900	0.900	0.900	1.025	1.010	1.010	1.050	1.040	1.040
中國信託銀行	0.010	0.050	0.540	0.540	0.600	0.570	0.570	0.720	0.720	0.720	0.830	0.830	0.830	1.015	1.000	1.000	1.040	1.025	1.050
星展(臺灣)商業銀行	0.070	0.120	0.560	0.580	0.660	0.660	0.660	0.770	0.770	0.770	0.770	0.770	0.770	1.015	1.015	1.015	1.040	1.090	1.100
永豐商業銀行	0.080	0.150	0.580	0.580	0.630	0.630	0.630	0.740	0.740	0.740	0.880	0.880	0.880	1.010	1.020	1.030	1.020	1.090	1.100
日盛國際商業銀行	0.080	0.200	0.560	0.560	0.600	0.600	0.600	0.750	0.750	0.750	0.850	0.850	0.850	1.000	1.020	1.030	1.020	1.095	1.080
匯豐(台灣)商業銀行	0.020	0.020	0.500	0.500	0.560	0.560	0.560	0.690	0.690	0.690	0.810	0.810	0.810	0.920	1.000	1.000	1.000	1.000	1.000
渣打資商業銀行	-	-	0.260	0.340	0.340	0.340	0.520	0.520	0.520	0.610	0.610	0.610	0.810	0.860	0.910	0.910	0.910	0.910	
臺灣樂華商銀	-	-	0.580	0.580	0.800	0.800	0.800	0.800	0.800	0.800	0.800	0.800	0.800	0.800	0.800	0.800	0.800	0.800	
第一商業銀行	0.020	0.080	0.350	0.350	0.410	0.410	0.410	0.520	0.520	0.520	0.630	0.630	0.630	0.795	0.820	0.820	0.800	0.845	0.845
華南商業銀行	0.020	0.080	0.350	0.350	0.410	0.410	0.410	0.520	0.520	0.520	0.630	0.630	0.630	0.795	0.820	0.840	0.800	0.845	0.845
彰化商業銀行	0.020	0.080	0.350	0.350	0.410	0.410	0.410	0.520	0.520	0.520	0.630	0.630	0.630	0.790	0.800	0.800	0.800	0.845	0.845
台北富邦銀行	0.005	0.050	0.320	0.320	0.380	0.380	0.380	0.540	0.540	0.540	0.670	0.670	0.670	0.775	0.790	0.805	0.800	0.815	0.855
中華郵政股份有限公司	0.200	0.590	0.590	0.650	0.650	0.650	0.770	0.770	0.770	0.770	0.770	0.770	0.770	0.770	0.770	1.040	1.040	1.040	

資料來源：銀行利率查詢利率比較表 TaiwanRate 網站

圖 1-1-3 300 元萬以下一年期固定利率定存表 (3)

銀行利率比較專題首頁　銀行固定利率比較表　銀行機動利率比較表　銀行信用卡通建利率比較　銀行授金利率比較

| 固定利率比較 請選擇存款金額 => | 300萬以下 | 500萬以下 | 1000萬以下 | 3000萬以下 | 5000萬以下 | 1億以下 | 3億以下 | 5億以下 | 10億以下 |

| 機動利率比較 請選擇存款金額 => | 300萬以下 | 500萬以下 | 1000萬以下 | 3000萬以下 | 5000萬以下 | 1億以下 | 3億以下 | 5億以下 | 10億以下 |

最新圖表!銀行利率1年3年5年10年走勢圖表!

台灣地區銀行定期存款利率今日比較(點擊月份可排序):(存款金額:0至300萬)

銀行	利率																		
瑞興商業銀行	0.040	0.150	0.560	0.560	0.600	0.600	0.600	0.730	0.730	0.730	0.840	0.840	0.840	1.030	1.050	1.120	1.070	1.050	1.120
凱基銀行	0.060	0.160	0.600	0.600	0.640	0.640	0.640	0.750	0.750	0.750	0.890	0.890	0.890	1.030	1.030	1.030	1.050	1.060	1.080
台新銀行	0.060	0.160	0.600	0.600	0.630	0.630	0.630	0.750	0.750	0.750	0.900	0.900	0.900	1.015	1.010	1.010	1.050	1.040	1.040
中國信託銀行	0.010	0.050	0.540	0.540	0.600	0.570	0.570	0.720	0.720	0.720	0.830	0.830	0.830	1.015	1.000	1.000	1.040	1.025	1.050
星展(臺灣)商業銀行	0.070	0.120	0.560	0.580	0.660	0.660	0.660	0.770	0.770	0.770	0.770	0.770	0.770	1.015	1.015	1.015	1.040	1.040	1.040
永豐商業銀行	0.070	0.150	0.580	0.580	0.630	0.630	0.630	0.740	0.740	0.740	0.880	0.880	0.880	1.010	1.020	1.030	1.080	1.090	1.100
日盛國際商業銀行	0.080	0.200	0.560	0.590	0.600	0.600	0.600	0.750	0.750	0.750	0.850	0.850	0.850	1.000	1.020	1.020	1.040	1.050	1.080
滙豐(台灣)商業銀行	0.020	0.020	0.500	0.500	0.560	0.560	0.560	0.690	0.690	0.690	0.810	0.810	0.810	0.920	1.000	1.000	1.000	1.000	1.000
誠泰商業銀行	-		0.260	0.260	0.340	0.340	0.340	0.520	0.520	0.520	0.610	0.610	0.610	0.810	0.860	0.910	0.910	0.910	0.910
渣打標準銀行	-		0.580	0.580	0.800	0.800	0.800	0.800	0.800	0.800	0.800	0.800	0.800	0.800	0.800	0.800	0.800	0.800	0.800
第一商業銀行	0.020	0.080	0.350	0.350	0.410	0.410	0.410	0.520	0.520	0.520	0.630	0.630	0.630	0.795	0.820	0.820	0.800	0.845	0.845
華南商業銀行	0.020	0.080	0.350	0.350	0.410	0.410	0.410	0.520	0.520	0.520	0.630	0.630	0.630	0.795	0.820	0.820	0.840	0.845	0.845
彰化商業銀行	0.020	0.080	0.350	0.350	0.410	0.410	0.410	0.520	0.520	0.520	0.630	0.630	0.630	0.790	0.800	0.800	0.820	0.845	0.845
台北富邦銀行	0.005	0.050	0.320	0.320	0.380	0.380	0.380	0.540	0.540	0.540	0.670	0.670	0.670	0.775	0.790	0.805	0.800	0.815	0.855
中華郵政股份有限公司	0.080	0.200	0.590	0.590	0.650	0.650	0.650	0.770	0.770	0.770	0.770	0.770	0.770	0.770	0.770	0.770	1.040	1.040	1.040
國泰世華商業銀行	0.010	0.030	0.370	0.370	0.370	0.370	0.370	0.500	0.500	0.500	0.620	0.620	0.620	0.770	0.775	0.790	0.790	0.800	0.830
兆豐國際商業銀行	0.020	0.100	0.340	0.340	0.370	0.370	0.370	0.530	0.530	0.530	0.660	0.660	0.660	0.765	0.780	0.790	0.790	0.800	0.810
上海商業儲蓄銀行	0.050	0.120	0.350	0.350	0.380	0.380	0.380	0.540	0.540	0.540	0.650	0.650	0.650	0.760	0.780	0.790	0.800	0.820	0.820
高雄銀行	0.020	0.080	0.340	0.340	0.380	0.630	0.630	0.510	0.510	0.510	0.640	0.640	0.640	0.760	0.780	0.790	0.800	0.810	0.810
合作金庫銀行	0.040	0.100	0.350	0.350	0.390	0.390	0.390	0.525	0.525	0.525	0.620	0.620	0.610	0.765	0.765	0.775	0.780	0.790	0.805
臺灣銀行	0.040	0.100	0.350	0.350	0.380	0.380	0.380	0.535	0.535	0.535	0.650	0.650	0.650	0.759	0.765	0.765	0.720	0.795	0.815
臺灣土地銀行	0.050	0.150	0.350	0.350	0.400	0.400	0.400	0.535	0.535	0.535	0.620	0.620	0.620	0.745	0.750	0.765	0.780	0.785	0.810
全國農業金庫	0.040	0.110	0.340	0.340	0.380	0.490	0.490	0.490	0.490	0.540	0.540	0.540	0.675	0.720	0.730	0.685	0.730	0.740

資料來源:銀行利率查詢利率比較表 TaiwanRate 網站

備註:想知道更多優質資訊,請掃描 QR code。

即使 2022 年出現 Fed 暴力升息，引發全球競相升息的狀況，台灣各家銀行的新台幣定存利率依然低得讓人不忍卒睹、無言以對（台灣各家銀行的美元定存利率早已超過 2.50%）。既然要存，在本金確定無虞、安全的前提之下，不是理所當然、天經地義選擇定存利率較高者嗎？又怎麼會捨棄中華開發工業銀行，而選擇郵局或台灣銀行呢？

若以 300 萬元本金計算，存在中華開發工業銀行，一年期固定利率的定存利息是 40,500 元（3,000,000 x 1.35%），而存在郵局的一年期定存利息只有 23,100 元（3,000,000 x 0.77%），兩者差了 17,400 元。更別說存在台灣銀行的一年期定存利息只有 22,650 元（3,000,000 x 0.755%），與中華開發工業銀行的差距高達 17,850 元。我知道無論是 17,400 元還是 17,850 元，金額並不算特別大，還不夠買支新手機，但這些錢不都是我們應該、本該、真該享有的無風險利潤嗎？

「芭樂大，我家附近沒有中華開發工業銀行怎麼辦？中華開發工業銀行轉型後好像不是誰都能存耶，怎麼辦？」一年期定存固定利率比郵局跟台灣銀行高者，有將近 30 家銀行；要外資有星展銀行，要本土有京城銀行，要大牌子有富邦銀行，要小而美有聯邦銀行，只有你不要，沒有找不到的！

對我而言，這不只是錢多錢少的問題，而是在投資時考量

投資風險、追求超額報酬的正確態度！相較於投資股票、基金、ETF，台幣定存已經是最簡單的投資入門了。誠懇地希望各位從此建立正確的投資觀念：先把新台幣定存利率的即時查詢網站設成「我的最愛」，任何時間想要定存，無論是三個月期、九個月期還是一年期，都別忘記先檢視各家利率的高低排序再做決定。即使郵局就在你家旁邊，或台灣銀行就在公司隔壁，一定還有別家銀行更值得定存。同樣是無風險定存，接下來帶你進入美元定存。

適者生「存」之美元定存

「芭樂大，要做美元定存，是不是應該先研究美國的經濟成長與通貨膨脹狀況，評估美國的失業率與消費支出的數據，檢視美國聯準會的官方說法，甚至分析股市行情的多空與債券殖利率的升降變化，才知道美元利率會不會提高？」我不能說這樣的想法是錯的，不過，換個方式回答。

請問當你看到這份報告：「……美國勞工部公布最新的非農就業新增人數為 51.7 萬，遠高於市場預期的 18.5 萬人，創 2022 年七月以來新高；當月失業率為 3.4%，低於市場預期的 3.6%（上個月 3.5%），創 53 年新低。就業人數飆升了 89.4 萬人，是自 2022 年一月飆升逾一百萬以來的最大增幅；再加上上個月激增的 71.7 萬人，就業人數在近兩個月暴增了 161.1 萬人。薪資增速大致符合預期，平均時薪月增 0.3%，與上個月的增速持平，按年來看成長 4.4%，略高於市場預期的 4.3%。除了非農

報告外，美國日前公布的上一就業成本指數年增率，也飆升至創紀錄的 5.07%；職位空缺數量從 1,040 萬個增加至略高於 1,100 萬的水準，創下近五個月以來的新高；初領失業金人數則降至近九個月以來的新低……」你覺得 Fed 接下來的利率政策是繼續升息？停止升息？還是開始降息？

再來你又看到這份報告：「……美國商務部經濟分析局發布上一季美國 GDP 成長年增率為 1.0%，為 2020 年第四季以來的新低。美國經濟在內需市場表現方面，上一季的民間消費與民間投資成長年增率分別為 1.9% 與 -4.6%；而同一時間的外需表現上，美國的商品與勞務出口及進口成長年增率則分別為 5.3% 與 1.7%；此外 S&P Global 剛發布的美國 2023 年經濟成長率預測為 0.7%，較之前的預測值上修 0.2 個百分點……」你覺得 Fed 接下來的利率政策是繼續升息？停止升息？還是開始降息？

兩份報告夠嗎？是否還需要再來第三份、第四份？如果需要，我可以提供至少二十份同樣專業、甚至更加艱澀的評估報告，也有英文版。

無論平日或假日，甚至逢年過節與連續假日，我每天悠遊於總體經濟、國際金融、財務報表、技術分析等不虞匱乏的訊息與密密麻麻的數字中。但是我之所以能開心悠遊股海、愉悅

暢行 ETF、輕鬆徜徉基金，即使是高槓桿高風險的期貨選擇權，也能乘風破浪、攻城掠地，靠得是一「智」千金。而那個「智」，並非智勇雙全、才智超群、足智多謀、智計絕倫的智，而是面對現實、人貴自知、理性客觀、大道至簡之智。更何況我們不是只做美元定存，尚未論及股票、談基金、評 ETF，有必要把自己搞瘋嗎？其實不用，真的不用。

　　「芭樂大，那我知道了，要做美元定存，其實跟做新台幣定存的邏輯一樣，我們就比較各家銀行的美元定存利率排行高低即可。如圖 1-2-1 所示，如果我現在要存一年期美元定存，利率最高的日盛銀行 2.65% 自當是首選，不該去存美元定存利率最低的匯豐銀行 1.88%（如圖 1-2-2），對吧？」很正確，但還不是全對！

圖 1-2-1 美金定存利率比較表 (1)

美金定存利率比較表(1年期)		
銀行名稱 ⇕	美金USD(1年)定存利率 ⇕	
日盛銀行	2.65	
陽信銀行	2.60	
富邦銀行	2.60	
國泰世華	2.55	
合作金庫	2.55	
凱基銀行	2.55	
華南銀行	2.55	
安泰銀行	2.55	
彰化銀行	2.55	
玉山銀行	2.55	
瑞興銀行	2.54	

資料來源：Money 101，超馬芭樂整理

圖 1-2-2 美金定存利率比較表 (2)

美金定存利率比較(1年期)	
銀行名稱 ⇕	美金USD(1年)定存利率 ▲
匯豐銀行	1.88
渣打銀行	1.92
星展銀行	2.32
高雄銀行	2.50
京城銀行	2.50
土地銀行	2.53
第一銀行	2.53
三信商銀	2.53
永豐銀行	2.53
台中銀行	2.53
新光銀行	2.53

資料來源：Money 101，超馬芭樂整理

　　要做新台幣定存，基本上隨時都可做，且單純地比較各家銀行的定存利率高低就好。不過，要進行美元定存，雖然沒必要把自己逼成經濟大師，但因為得考量新台幣定存時沒有的匯兌風險，所以我會增加兩個建議：一、請先在適當時間備妥美元，亦即**在適當的時間以「適當的匯率」先把台幣換成美元**；二、不要急著換好美元就去存，更不是隨時都可存，而是在「**適當的時機」再進行美元定存**。

一、在適當時間備妥美元，亦即在適當的時間以適當的匯率先把新台幣換成美元。如果想做美元定存的當下，才去把新台幣換成美元，雖然不是必定，但確實很可能最後賺到利息卻賠了匯兌。比如在 2019 年八月打算以新台幣 30 萬 5 千元做美元定存，當時美元兌新台幣匯率大約是 1 比 30.5，亦即可以換到 10,000 美元（305,000 ÷ 30.5）；當時的一年期美元定存利率大約是 2.50%，所以一年後到期時，美元定存本利和便是 10,250 美元（10,000 x〔1 + 2.5%〕）。

　　不過這一年來，新台幣升值了 1 元，美元兌新台幣匯率已經是 1 比 29.5，因此到期時能換回的新台幣只剩 302,375 元（10,250 x 29.5）。亦即這次的美元高利定存不但沒有獲利，反倒虧了 2,625 元（302,375 - 305,000）。當然我們也可以反過來說，隨換隨存也有機會賺到存款利得與匯兌收益，不過在不假設人人都會判斷新台幣升貶趨勢的前提下，**迴避不必要的匯兌風險，**自為投資的最優先考量。

　　因此在適當的時間以適當的匯率，先把台幣換成美元，目的就是要迴避匯兌損失的投資風險。而所謂適當的時間與適當的匯率，以專業的匯率趨勢判斷能力來說，目前我會建議**當美元兌新台幣匯率低於 1：30，便為適當的換匯時機**，可以開始兌換。新台幣越升值（1：30 → 1：29 → 1：28），我們就換越多。

二、不要急著換好美元就去存，更不是隨時都可存，而是在適當的時機再進行美元定存。請先看看圖 1-2-3，我並非要你從這張表來判斷美國聯準會的利率政策。都說要面對現實了，如果連不同屆的諾貝爾經濟學家，都會因為對 Fed 利率政策的預測不同而爭得面紅耳赤、公開叫戰，要我們去評估、研判、預測，是不是太苛責了點？希望你從圖中看到的重點是，Fed **利率政策的穩定性與延伸性。**

图 1-2-3 美國聯邦基金利率走勢

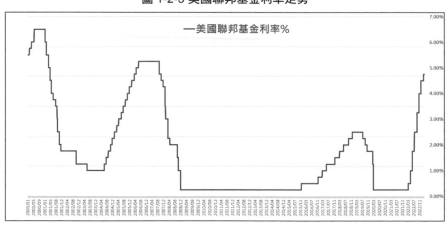

資料來源：Federal Reserve Board，超馬芭樂整理

請問從 2000 年以來的 Fed 利率政策，有沒有出現過「上個月還在升息，這個月竟然就逆轉降息」，或者「上個月還在降息，這個月突然升息」的驚蟄現象？不是你沒看到，是真的沒有！美國聯準會的利率政策非常重視穩定性，不會忽多忽空，更不會忽升忽降。上個月的決策若是升息，這個月就可能會繼續升，頂多不再升息，不會立馬降息。反之，上個月的定案若是降息，這個月就可能會繼續降，頂多不再降息，不會突然升息。這就是我說 Fed 利率政策的穩定性與延伸性。

　　也因為這個原則，我們才能掌握適當的美元定存時機：當 Fed 開始升息，美元定存的利率就有機會開始調高。不過，我們無法事先知道 Fed 究竟會升息幾次、升息幾碼，亦即美元的定存利率會因此隨之調高到何種水準。我們不用也無法提前判斷，只能仰賴 Fed 利率政策一貫的穩定性與延伸性。Fed 的利率政策從開始升息→持續升息→停止升息，**一旦出現第一次降息動作，就知道美元定存利率的最高水準出現了**（如圖 1-2-4）。此時再把之前在適當時機以適當匯率換好的美元，進行固定利率的定存，既已將匯兌損失的風險降至最低，更享有最高的美元定存利率。這就是超馬芭樂的美元定存投資方式，對你當然同樣適用。

圖 1-2-4 美國 FOMC 利率會議公布時間

2023年美國利率決議公布台灣時間(FOMC)	
2023年美國利率決議公布台灣時間	
2022年12月15日	03:00
2023年2月2日	03:00
2023年3月23日*	02:00
2023年5月4日	02:00
2023年6月15日*	02:00
2023年7月27日	02:00
2023年9月21日*	02:00
2023年11月2日	02:00
2023年12月14日*	03:00

資料來源：Federal Reserve Board，超馬芭樂整理

　　暖身結束，準備進入開心悠遊股海、愉悅暢行 ETF、輕鬆徜徉基金的股票區囉！

◆ 超馬芭樂之一 「智」千金

　　還沒開始投入跑馬拉松之前，我的外號不是「超馬」芭樂而是「賤」芭樂，而那個賤，並不是古裝宮廷戲劇中「賤人就是矯情」那種讓觀眾越看越火大，恨得牙癢癢的賤；也不是當今現代人口中該死、可惡、機車的那種賤，而是《論語》子罕篇：「吾少也賤，故多能鄙事」的賤。指的是家境清寒、自小貧困，窮的程度是小偷根本沒興趣的窮。沒經驗的小偷不小心進來超馬芭樂的老家，一看到家徒四壁、環堵蕭然的樣子，不但不會浪費力氣翻箱倒櫃，搜刮不可能出現的金銀珠寶，稍微有點良心的或許還會留下點慰問金。家境貧困的原因，就在於我那個性不夠圓滑，太有脾氣的一百分老爹。

　　我的老爹自民國 38 年跟隨國軍自大陸遷台，雖然不是高官將領有星星，但也不是什麼官階也沒有的小小兵。在不出意外的正常情況下，老爹本來也可以享有大家喊著要改革的 18% 退休金。但是他的個性不夠圓滑，且是太有脾氣，意料之外的狀況就這麼出現。只因為他一時按捺不住脾氣，在軍校的公開

場合公然抱怨政府、批評長官，之後一切便豬羊變色了。現在想想也好，因為如果這狀況是出現在《如懿傳》或《甄環傳》那種時代，老爹那句公然批判皇帝的超大膽失言，絕對足以讓他丟掉腦袋甚至抄家滅族。

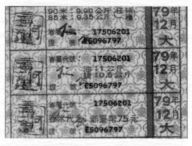

眷補證

不過當時只是戒嚴時期，因此魯莽失言並不至於讓他丟掉腦袋。但升遷已然無望的他，不但被迫提早申請退休，還變成一個明明有官階卻沒資格領 18% 退休金的特殊老兵。所以，我自小家境就清寒貧困。成長過程便是靠著如上圖的眷補証上的糧票、油票、鹽票，定期剪一格去領米、領油、領鹽過日子。比起有人是含著金湯匙、銀湯匙出生，我常自嘲地說自己是帶著竹掃把、破畚箕出身，家世背景不如我的人，真的不多。

農民曆除了有陽曆與陰曆的日期換算、吉日與凶日的提醒之外，通常會附一份如右頁圖的八字論命法，相傳為唐朝袁天罡所作。利用陰曆生辰的年、月、日、時，推算一個人的八字重量，以幾兩幾錢表示，然後參照類似籤詩的《秤骨歌》，了解自身命運的榮枯。雖然這方法過於簡略，一般人大都只是參考，不過相信你跟我一樣，當第一次知道這個玩意兒的時候，

也忍不住算一算自己的八字重量。儘管是帶著竹掃把、破畚箕出身，心知自己絕無可能是無敵頂級七兩二（號令天下統禦萬民帝王格），或者七兩一（大志大業勢如破竹之命），但也不相信會是最底層二兩二（勞勞碌碌難度日，此命推來行乞人），甚至二兩一（平生災難事重重，終世困苦事不成）吧。事後證實的確沒那麼慘，不過當我跟老爹反覆確認，更認真比對計算，每次算出的數字都是扎扎實實的二兩七時，還是錯愕萬分、難掩失落：「唉，家裡窮到小偷不但不會進來，就算進來了還會忍不住留點慰問金，這種程度還不夠嗎？連八字重量都只有這樣 ?! 從第一名的七兩二

農民曆

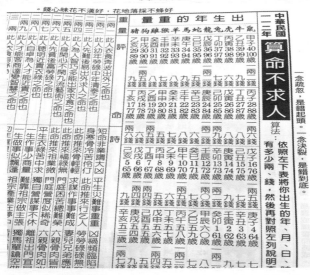

到最後一名二兩一，總共有 52 名，我的八字重量竟然只排在倒數第七名，只贏六個而已 ?!」雖然知道這只是參考，農民曆上對二兩七的描述是「難靠祖宗作主張，獨馬單槍空做去」，看起來其實沒那麼悲慘，但也很難開心起來。換句話說，福澤運勢不如我的人，至今鮮遇。

　　我高中讀的是省立鳳山高中，照理說在學校只要不太誇張離譜，比如不要犯了打校長、揍老師、破壞學校公物之類的惡行，三年就可以順利畢業。不過由於學習成績太糟糕，我在高二留級了（十科學科中有八科紅字），高中讀了四年。後來還是畢業，考上東海大學國貿系。這次我可沒有留級或延畢讀個五、六年，跟一般大學生一樣，讀四年就畢業了。只不過大學四年有三個暑假，每次暑假我不是回高雄放鬆休息、全台灣四處遊玩，或者找地方打工賺錢，而是必須乖乖地留在學校暑修。不但要暑修「微積分」「統計學」「經濟學」這些商學院最基本的必修學科，連「中國近代史」這種送分學科，也是我必須補修的科目。換句話說，學習資質不如我的人，當真少見。

　　家世背景不如人、福澤運勢也不如人、學習資質還是不如人，好像找不出哪項東西比別人好的我，人生因此就窒礙難行不順遂嗎？沒有。我並沒因此生活困頓、窮困潦倒，反而比一般人更享受人生，樂活退休。難道是我曾經中過統一發票特別

獎或大樂透?! 當然更沒有。之所以能暢意人生的真正原因，是在於我具有一「智」千金的智、一「志」千金的志，以及一「字」千金的字。

　　無論是在金控集團證券自營部擔任操盤手掌管鉅額操作資金之時、38 歲遞辭呈申請退休迄今的樂活人生，以及還會繼續開心投資、快樂操作的往後餘生，這份實際、實戰更實務之智，不但讓我得以開心悠遊股海、愉悅暢行 ETF、輕鬆徜徉基金，即使是高槓桿高風險的期貨選擇權，我也能乘風破浪、攻城掠地。現在便藉由本書，跟你分享一智千金的智！

重修報告

第三條 大學部課程有下列情形之一者，經系主任同意得申請暑期開班授課：
　　一、因情形特殊，在學期中聘請教師困難者(科目由系方提出)。
　　二、必修科目須重修者。
　　三、因轉學、轉系須補修轉入年級前科目者。
　　四、應屆畢(結)業生須重修或補修後，始可畢(結)業者。
　　五、修習輔系、雙主修(學位)或跨領域學分學程者。
　　六、其他適於暑期開授之課程。
前項一、二、六款，須由開課單位聘定教師後始得提報開課；其餘各款由教務處依規定日期受理申請。授課教師則由課程專屬學系主管聘請。
研究所課程如因特殊需要必須於暑期開授者，應敘明理由專簽經教務長同意方可開授。

第 2 章
名實相符，悠遊股海

博「股」通今之樂活存股票

一開始先問你：「如果現在郵局的一年期定存利率是10%、12%，你還想不想存股？或者說，你還想不想研究股票、投資基金、操作 ETF？」我知道你的答案，因為這個問題多年來已經問過許多人。截至目前為止，每個被問過的朋友，回答全都一模一樣：「當然不要了！別說 10%、12%，只要郵局的一年期定存利率有 8%、6% 就夠了，我就乖乖地放定存，不用擔心股票多空、基金漲跌。不但本金一點風險都沒有，還有穩定且不錯的定存利息，才不要再投資咧！」是的，我的答案跟你一樣。38 歲就退休的我，當然有本事選到真正優質的存股標的，透過有效率且有效果的存股方式，打造年殖利率超過 10%的投資組合。但若定存利率有那個水準，我也會樂得輕鬆去定存，只不過你很清楚，上述的情境只是假設，現已不復存。

曾經台灣的一年期定存利率真的超過 10%，但目前就算有

升息且還在升，一年期定存利率最好的中華開發工業銀行，也只有 1% 多一點點。所以，如何透過正確的存股策略，打造穩定的被動收入、增加自有資產，必定是你與我，以及孩子們一輩子都必須用心計較的議題。好標的＋好策略，就能創造好的存股結果，在遴選優質標的進行存股之前，你一定要釐清兩個關鍵原則。

第一、震盪的獲利 vs 穩定的獲利

如圖 2-1-1，公營 A 銀行最近五年的一年期定存利率平均

圖 2-1-1 該存哪家銀行 (1)

假如	A 銀行	B 銀行	
2019 年一年期定存利率	1.25%	3.15%	
2020 年一年期定存利率	1.28%	0.67%	
2021 年一年期定存利率	1.22%	2.16%	
2022 年一年期定存利率	1.27%	0.04%	
2023 年一年期定存利率	1.23%	0.23%	
基本評估	平均利率 1.25%	平均利率 1.25%	
要享受安穩的退休生活，500 萬該存哪家銀行？			

資料來源：超馬芭樂製作

值是 1.25%，公營 B 銀行最近五年的一年期定存利率平均值也是 1.25%。如果今天你正式退休，領了 500 萬元退休金存定存，會選哪一家？我不會預言術，你也很清楚兩家銀行近五年的一年期定存利率平均值都一樣，但是我知道你肯定、絕對、當然會選 A 銀行。理由很簡單，也是唯一的理由：穩定！把錢存 A 銀行，每年的定存利率雖然不是固定為 1.25%，但其實差不多、變化不大。把錢存 B 銀行就不一樣囉，每年的定存利率不是固定的 1.25%，狀況差異大，有時候好到超過 3.1%，有時才 0.04%。為了享受安穩的退休生活，怎麼可能選不穩定的 B 銀行？我也不要！因此，要先有一個觀念就是，平均定存利率或平均存股殖利率，不能只比較平均值數字，更要在乎穩定性。**穩定的存股殖利率，當然優於震盪的存股殖利率。**

再多一家公營 C 營行來評比吧。如圖 2-1-2，公營 A 銀行最近五年的一年期定存利率平均值是 1.25%，公營 C 銀行最近五年的一年期定存利率平均值是 1.32%，雖贏不多，但確實優於 A 銀行。那麼同樣的情境，今天你正式退休，領了 500 萬元退休金去存定存，會選 A 銀行還是 C 銀行？我沒有天眼通，你很清楚 C 銀行的一年期定存利率平均值高於 A，但我同樣肯定、絕對，就是你還是會選 A 銀行。理由同樣很簡單，也還是那個唯一的理由：穩定！把錢存 A 銀行，每年的定存利率雖然不是

固定的 1.25%，但其實差不多。若是把錢存 C 銀行，每年的定存利率不但不是固定的 1.32%，而且變化震盪很大，有時超過 3.3%，有時幾乎是 0%。爲了享受安穩的退休生活，怎麼可能會去選比 B 銀行更不穩定的 C 銀行？我也不要！因此，存股的第一個關鍵原則我們知道了。

存股的平均殖利率不僅希望要高，而且是穩定的高！不能因爲某一年的殖利率超漂亮誘人，我們就去存它，而是要看存股殖利率長期平均值是否穩定（長期至少要抓五年）。

圖 2-1-2 該存哪家銀行 (2)

假如	A 銀行	B 銀行	C 銀行
2019 年一年期定存利率	1.25%	3.15%	3.32%
2020 年一年期定存利率	1.28%	0.67%	0.87%
2021 年一年期定存利率	1.22%	2.16%	2.23%
2022 年一年期定存利率	1.27%	0.04%	0.02%
2023 年一年期定存利率	1.23%	0.23%	0.15%
基本評估	平均利率 1.25%	平均利率 1.25%	平均利率 1.32%
要享受安穩的退休生活，500 萬該存哪家銀行？			

資料來源：超馬芭樂製作

第二、「頂多」獲利 5.6% vs「至少」獲利 5.6%

　　A 股票配發現金股利 1.1 元，如果天氣好、運氣好、心情好，剛剛好讓你在除息前的「最低價」19.55 元買進，殖利率便是 5.6%（1.1÷19.55）。我不是問你喜不喜歡這樣的殖利率水準，而要請你想一想，只要買在除權息前的夢幻最低價，就能享有 5.6% 的殖利率。那麼，如果不是買在 19.55 元這個夢幻最低價，而是其他任何價格，分子不變但分母大於 19.55，殖利率自然就不到 5.6%。因此我們會說 A 股票的殖利率「頂多」5.6%（如圖 2-1-3）。

圖 2-1-3 買在最低點的「頂多」殖利率

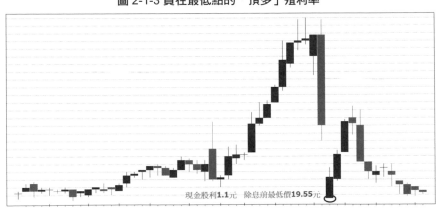

現金股利**1.1**元　除息前最低價**19.55**元

資料來源：CMoney，超馬芭樂製作

B 股票現金股利 3.4 元，如果沒注意、沒發現、非故意、不小心，讓你在除息前的「最高價」61.0 元買進，殖利率也是 5.6%（3.4÷61.0）。然後你再想想，萬一買在除權息前的倒楣最高價，也還能享有 5.6% 的殖利率。那麼，如果不是買在 61.0 元，而是其他任何價格，分子不變但分母小於 61.0，殖利率肯定超過 5.6%。因此我們會說 B 股票的殖利率「至少」5.6%（如圖 2-1-4）。聰明睿智的各位，A 股票的殖利率「頂多」5.6%，B 股票的殖利率「至少」5.6%，兩者比較之下，如果存股你會要選哪一個？答案是不是跟我一樣，當然選 B 股票！

我當然不會苛責或嘲諷你，畢竟絕大多數投資人從坊間聽到的存股殖利率計算，分母要麼是用除權息前一天的價格，要

圖 2-1-4 買在最高點的「至少」殖利率

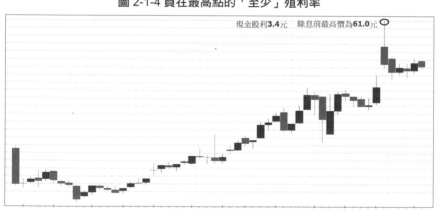

現金股利**3.4**元　除息前最高價為**61.0**元

資料來源：CMoney，超馬芭樂製作

麼是用除權息前三個月的平均價格。依照財務管理學或投資學的學術理論，這樣計算沒有不對，但並不恰當。這麼說吧，如果除權息前一天的價格，剛好是除權息前的低檔價、甚至是最低價，不就表示該檔股票之所以吸引你的誘人殖利率，是建立在「把夢幻最低價當分母」的基礎上，殖利率不就是「頂多」而已？

　　若把分母設定為除權息前三個月的平均價格，同樣也有可能剛好是低檔價，表示市場吹捧該檔股票的漂亮殖利率，其實也是建立在把夢幻低檔價當分母的假設上，同樣也只是「頂多」的殖利率。之後繼續存股，萬一不是買在最低價或低檔價，亦即存股殖利率的分母不再是夢幻價，你覺得、你以為、你預期的存股殖利率，是不是就不會出現了？當然不會。這就是很多投資人在存股時抱怨選股很開心，怎麼後來跟一開始的設想差很多的關鍵原因之一。因為存股標的的遴選標準太寬鬆、太夢幻、太不切實際了，之後的事與願違便一點都不意外！

　　只要把上述過程倒反過來，**評估存股殖利率時，分母用的是除權息前的最高價，表示該檔股票的殖利率計算是建立在「把倒楣最高價當分母」的基礎上，算出來的殖利率就是「至少」。**如果這樣算出來的存股殖利率已經滿意，就表示之後繼續存股，即使不小心又買在高檔價也不用太難過，因為早就評估了最壞

的可能。只要再加上合理的進場布局策略，之後享有的殖利率不但會讓你心想事成，更超乎預期！是的，遴選優質存股標的的第二關鍵原則，你也知道了。

　　計算存股殖利率平均值時，要假設最壞的可能。千萬別誤會，所謂最壞的可能，並不是要假設該檔個股未來會變成雞蛋水餃股或下市壁紙股，那叫理論上的最壞。曾是全球投資銀行前四大的雷曼兄弟可以說倒就倒，所以我們也要假設台積電、中鋼、國泰金也有可能變壁紙？這種擔憂真的多了吧？我們在存股時不小心買在除權息前的最高價，才是最壞的可能。而透過這種過濾方式算出的平均殖利率，才是存股時最重視的核心價值！

　　總結來說，無論是現金股利存股還是股票股利存股，選股時一定要建立的原則就是：**假設最壞的可能，追求最高的穩定。**個股最近五年都有配股或配息，我們每一年都用除權息前的最高價去存，再算出五年殖利率的平均值，挑出數值穩定又高者就行了！接下來會直接用例子說明，你就知道該怎麼選股了。

創造被動收入之現金股利存股

　　第一步，查詢近五年的現金股利數據。無論從奇摩股市、鉅亨網，還是平常在用的看盤軟體都查得到。比如 2820 華票，近五年的現金股利資料如圖 2-1-5，將其建立於 Excel 資料表（如圖 2-1-6）。

圖 2-1-5 華票近年股利政策

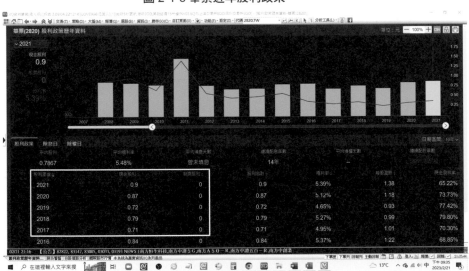

資料來源：XQ 全球贏家，超馬芭樂製作

　　第二步，查詢該股近五年每年除權息前的最高價，同樣在奇摩股市、鉅亨網，或者平常在用的看盤軟體都查得到。同

圖 2-1-6 華票近五年的現金股利

2820 華票	現金股利合計（元）	除息前最高價	除息前最高價的殖利率
2017/06/28			
2018/07/04	0.71		
2019/07/03	0.79		
2020/07/06	0.72		
2021/08/03	0.87		
2022/07/04	0.90		

資料來源：超馬芭樂製作

樣是 2820 華票，近五年的除權息前最高價如圖 2-1-7，也將數據建立於 Excel 資料表（如圖 2-1-8）。

　　第三步，針對 2820 華票，近五年假設最壞的可能所計算出的年殖利率，便是現金股息 ÷ 除息前最高價，五年平均值就是把近五年的年殖利率相加再除以五，這你一定會算。

　　第四步，檢視每年的殖利率與五年平均殖利率之間的關係。雖然有統計方法試算檢驗，不過我相信你可以一眼看出兩

圖 2-1-7 華票近五年除息前最高點位置

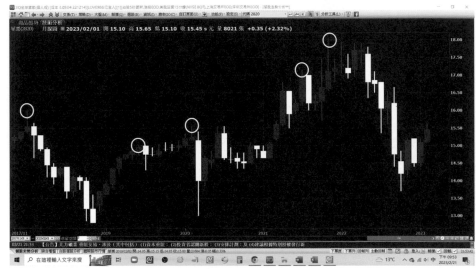

資料來源：XQ 全球贏家，超馬芭樂製作

圖 2-1-8 華票近五年除息前最高點價位

2820 華票	現金股利合計（元）	除息前最高價	除息前最高價的殖利率
2017/06/28			
2018/07/04	0.71	16.00	
2019/07/03	0.79	15.00	
2020/07/06	0.72	15.55	
2021/08/03	0.87	17.15	
2022/07/04	0.90	18.05	

資料來源：超馬芭樂製作

者相差不多還是差異很大。2820 華票近五年的殖利率分別為4.4%、5.3%、4.6%、5.1%、5.0%，而五年平均殖利率為 4.9%，彼此之間相差並不大（如圖 2-1-9）。

圖 2-1-9 華票近五年的年殖利率與平均值

2820 華票	現金股利合計（元）	除息前最高價	除息前最高價的殖利率
2017/06/28			
2018/07/04	0.71	16.00	4.4%
2019/07/03	0.79	15.00	5.3%
2020/07/06	0.72	15.55	4.6%
2021/08/03	0.87	17.15	5.1%
2022/07/04	0.90	18.05	5.0%
			五年平均 4.9%

資料來源：超馬芭樂製作

第五步，假設最壞的可能，算出年殖利率的五年平均值，只要是穩定的，便問自己：「這樣的殖利率水準，我滿意嗎？」比如 2820 華票近五年的年殖利率平均值為 4.9%，而且是穩定的 4.9%，你覺得如何？答案當然見仁見智，不過只要透過比較，

自然能遴選出你最青睞的存股標的。我就挑一檔來跟華票比較。

第一步，查詢 2891 中信金近五年的現金股利數據（如圖 2-1-10），並將其建立於 Excel 資料表（如圖 2-1-11）。

圖 2-1-10 中信金近五年的股利政策

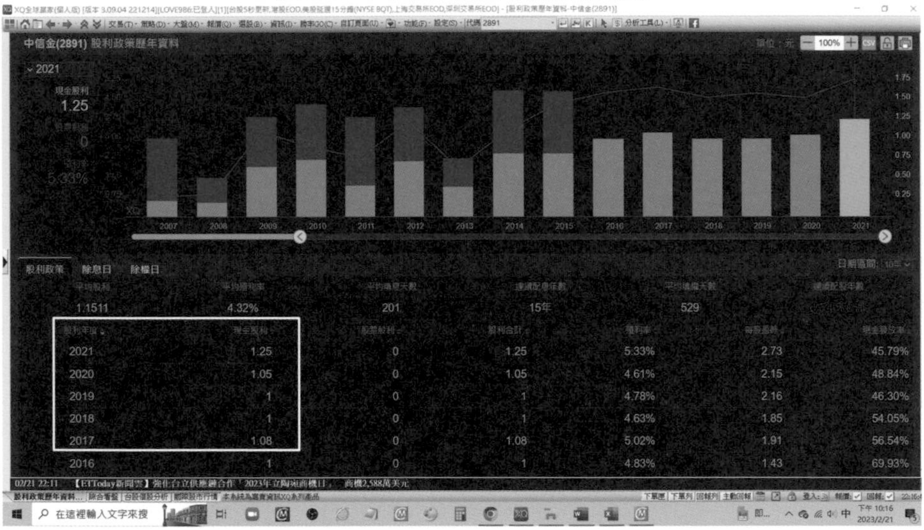

資料來源：XQ 全球贏家，超馬芭樂製作

圖 2-1-11 中信金近五年的現金股利

2891 中信金	現金股利合計（元）	除息前最高價	除息前最高價的殖利率
2017/07/17			
2018/07/09	1.08		
2019/07/15	1.00		
2020/07/13	1.00		
2021/08/16	1.05		
2022/07/14	1.25		

資料來源：超馬芭樂製作

第二步，查詢 2891 中信金近五年每年除權息前的最高價
（如圖 2-1-12），也將數據建立於 Excel 資料表（如圖 2-1-13）。

圖 2-1-12 中信金近五年除息前最高點位置

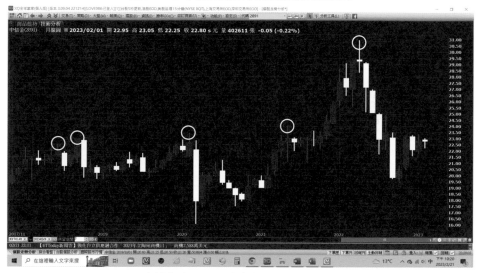

資料來源：XQ 全球贏家，超馬芭樂製作

圖 2-1-13 中信金近五年除息前最高點價位

2891 中信金	現金股利合計（元）	除息前最高價	除息前最高價的殖利率
2017/07/17			
2018/07/09	1.08	22.50	
2019/07/15	1.00	23.00	
2020/07/13	1.00	23.45	
2021/08/16	1.05	24.05	
2022/07/14	1.25	30.95	

資料來源：超馬芭樂製作

第三步，2891 中信金近五年假設最壞的可能所計算出的年殖利率，便是現金股息 ÷ 除息前最高價，五年平均值就是把近五年的年殖利率相加再除以五。

第四步檢視每年的殖利率與五年平均殖利率之間的關係，相信你可以一眼看出兩者是相差不多還是差異很大。2891 中信金近五年的殖利率分別為 4.8%、4.3%、4.3%、4.4%、4.0%，而五年平均殖利率為 4.4%，相差也不大（如圖 2-1-14）。

圖 2-1-14 中信金近五年的年殖利率與平均值

2891 中信金	現金股利合計（元）	除息前最高價	除息前最高價的殖利率
2017/07/17			
2018/07/09	1.08	22.50	4.8%
2019/07/15	1.00	23.00	4.3%
2020/07/13	1.00	23.45	4.3%
2021/08/16	1.05	24.05	4.4%
2022/07/14	1.25	30.95	4.0%
			五年平均 4.4%

資料來源：超馬芭樂製作

第五步，假設最壞的可能，算出年殖利率的五年平均值，只要是穩定的就問自己：「這樣的殖利率水準，我滿意嗎？」然後兩兩比較。2891 中信金年殖利率的五年平均值為 4.4%，而且是穩定的，即使你本來覺得不錯，不過跟剛剛 2820 華票年殖利率的五年平均值為穩定的 4.9% 相比，理性的你就會知道，針對存股的核心價值，2820 華票比 2891 中信金好。這邊再挑一檔來跟華票比一比。

第一步，查詢 6292 汛德近五年的現金股利數據（如圖 2-1-15），並將其建立於 Excel 資料表（如圖 2-1-16）。

圖 2-1-15 汛德近五年的股利政策

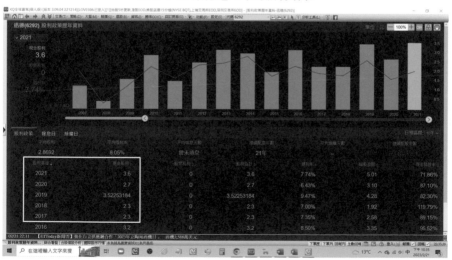

資料來源：XQ 全球贏家，超馬芭樂製作

圖 2-1-16 汛德近五年的現金股利

6292 汛德	現金股利合計（元）	除息前最高價	除息前最高價的殖利率
2017/08/08			
2018/08/20	2.30		
2019/07/30	2.30		
2020/07/28	3.52		
2021/07/19	2.70		
2022/07/12	3.60		

資料來源：超馬芭樂製作

　　第二步，查詢 6292 汛德近五年每年除權息前的最高價（如圖 2-1-17），也將數據建立於 Excel 資料表（如圖 2-1-18）。

　　第三步，6292 汛德近五年假設最壞的可能所計算出的年殖利率，便是現金股息 ÷ 除息前最高價，五年平均值就是把近五年的年殖利率相加再除以五。

　　第四步，檢視每年的殖利率與五年平均殖利率之間的關係，我依然相信你可以一眼看出兩者是相差不多還是差異很大。

圖 2-1-17 汛德近五年除息前最高點位置

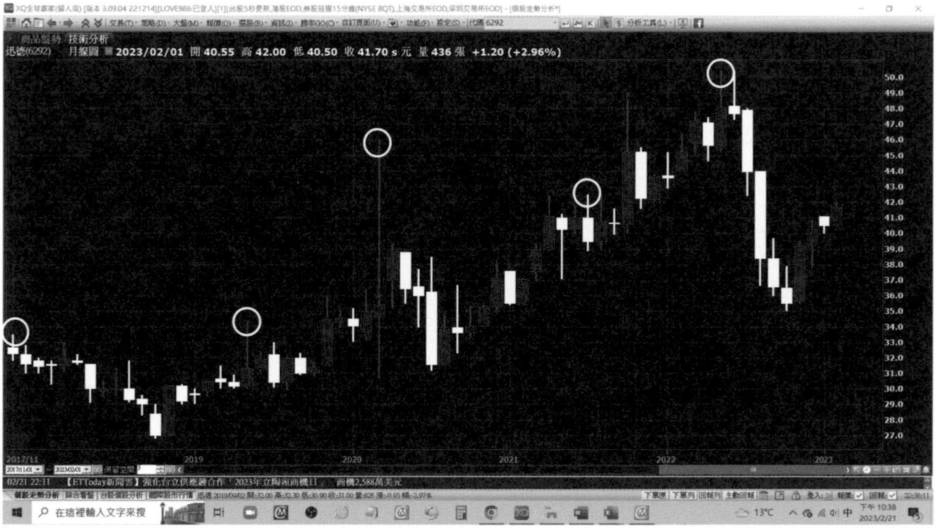

資料來源：XQ 全球贏家，超馬芭樂製作

圖 2-1-18 汛德近五年除息前最高點價位

6292 汛德	現金股利合計（元）	除息前最高價	除息前最高價的殖利率
2017/08/08			
2018/08/20	2.30	33.95	
2019/07/30	2.30	34.40	
2020/07/28	3.52	46.00	
2021/07/19	2.70	42.50	
2022/07/12	3.60	50.40	

資料來源：超馬芭樂製作

6292 汎德近五年的殖利率分別爲 6.8%、6.7%、7.7%、6.4%、7.1%，而五年平均殖利率爲 6.9%，相差依然不大（如圖 2-1-19）。

圖 2-1-19 汎德近五年的年殖利率與平均值

6292 汎德	現金股利合計（元）	除息前最高價	除息前最高價的殖利率
2017/08/08			
2018/08/20	2.30	33.95	6.8%
2019/07/30	2.30	34.40	6.7%
2020/07/28	3.52	46.00	7.7%
2021/07/19	2.70	42.50	6.4%
2022/07/12	3.60	50.40	7.1%
			五年平均 6.9%

資料來源：超馬芭樂製作

　　第五步，假設了最壞的可能，算出年殖利率的五年平均值，只要是穩定的，當然先問自己：「這樣的殖利率水準，我滿意嗎？」然後繼續比較。6292 汎德年殖利率的五年平均值爲 6.9%，而且是穩定的，跟 2820 華票年殖利率的五年平均值爲穩

定的 4.9% 相比，理性的你知道，針對存股的核心價值，6292
汎德比 2820 華票優良。

　　這邊我示範了三檔，只要原則搞清楚，邏輯也想明白，選
股方法其實非常簡單。因為無論是近五年的現金股利資料，還
是近五年每次除權息前的最高價，透過免費網站或常用的看盤
軟體，都可以輕鬆取得。至於每年殖利率與五年殖利率平均值
的計算，讀小學的孩子就可以幫你算出來。不過這只是起步，
畢竟台股不只有三檔，成熟的果實會自動從果樹上掉下來，但
穩定且高的現金股利，可不會從天上自己掉下來。再來討論股
票股利存股吧。

有效擴大資產之股票股利存股

　　現金股利之優質存股標的，因為是直接配發現金，所以能
提供穩定的被動收入。而股票股利並不是直接發錢，而是配發
股票，特點在於讓你的存股張數自動增加，所以能有效擴大自
身資產，兩者效果不盡相同。但挑選股票股利存股標的的原則
與邏輯，不是大概、不是或許，而是一定、當然、本來就跟挑
選現金股利存股標的的原則與邏輯一模一樣。同樣是假設最壞
的可能，追求最高的穩定。若個股最近五年都有配股配息，我

們每一年都用除權息前的最高價去存，再算出五年殖利率的平均值，挑出數值穩定又高者就行！不過兩者之間有一點不同，就是殖利率的分子要先加工。

現金股利的計算比較簡單。個股如果配發 1 元現金股利，內涵就是一股送 1 元。而每張股票都是 1,000 股，因此 1 元的現金股利就是新台幣 1,000 元。無論你手上的那張股票是市價超過 2,000 元的信驊、大立光，還是市價僅 10 幾元的集盛、愛之味，只要是 1 元現金股利，領到的都是新台幣 1,000 元，不會因為買價或市價不同而有所不同，但股票股利就不一樣囉。

個股如果是配發 1 元股利股票，內涵就是買十送一。我只有一張呢？就送十分之一張，每張股票都是 1,000 股，因此 1 元股票股利就是 100 股。這時候你手上是市價超過 2,000 元的信驊、大立光，還是市價僅 10 幾元的集盛、愛之味，感受跟待遇就完全不一樣了。100 股的大立光價值超過 20 萬元，100 股的愛之味只有 1,000 多元，可是天差地別。因此在計算股票股利殖利率的分子時，價值必須先算出來，不能像現金股利那樣直接計算加總（如圖 2-1-20）。

請看圖 2-1-21，當個股今年股利政策是配發兩次現金股利，每次都是 1 元，我們可以直接把兩次現金股利的金額加起來當分子，就能計算出殖利率。

圖 2-1-20 現金股利與股票股利簡介

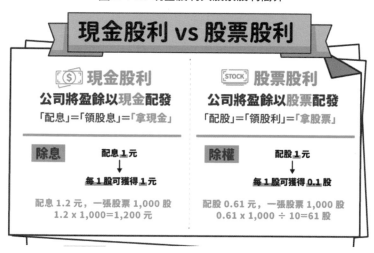

資料來源：CMoney，超馬芭樂製作

圖 2-1-21 現金股利的正確計算方式

現金股利（元）	現金股利（元）	買進成本（元）
1.00	1.00	32.00
股利殖利率：(1+1)÷32		
股利殖利率等於 6.25%		

資料來源：超馬芭樂製作

再看看圖 2-1-22，當個股今年股利政策是配發 1 元現金股利加 1 元股票股利，1 元現金股利是 1,000 元新台幣，1 元股票股利的價值也是 1,000 元嗎？當然不是！那麼，我們可以直接把現金股利 1 元加股票股利 1 元當分子來計算殖利率嗎？你更清楚不行！只不過坊間的財經網站，幾乎都是把現金股利與股票股利的金額直接相加當分子，答案當然不對（如圖 2-1-23）。也難怪選出來的標的很容易背離你的期待，到底該怎麼計算？

你很清楚 1 元現金股利跟 1 元股票股利的價值不一樣，所以在計算股票股利的殖利率時，必須先把股票股利的價值算出來。我們得知道領到股票股利時（俗稱股ㄚ仔），到底值多少市價，把當天配發到帳戶的股ㄚ仔拿去市場賣就知道了。如圖 2-1-24 所示，當我在 9 月 7 日領到股ㄚ仔，那就用 9 月 7 日那

圖 2-1-22 股票股利的錯誤計算方式

現金股利（元）	股票股利（元）	買進成本（元）
1.00	1.00	32.00
股利殖利率也是 (1+1)÷32？		
股利殖利率也是 6.25%？		

資料來源：超馬芭樂製作

圖 2-1-23 奇摩股市的股票股利計算方式

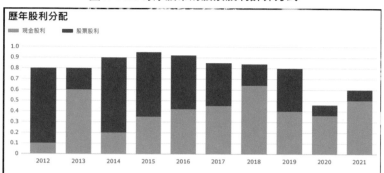

資料來源：奇摩股市，超馬芭樂製作

圖 2-1-24 股票股利的計算流程

除權息日	現金股利（元／股）	股票股利（元／股）	領股日期	現金股利（元）	股票股利（元）	除息前最高價	除權息前最高價的殖利率
2016/08/24							
2017/08/16	0.5251	0.4297	2017/09/07	525	567	14.45	7.6%

這份股ㄚ仔（股票股利）

在這一天可以領到

以領股日當天的市價換算股ㄚ仔值多少錢

(525+567) ÷ (14.45×1,000)

資料來源：超馬芭樂製作

天的價格來算（不是除權息日那天的價格）；當天一張股票（1,000股）的市價為 14.45 元，我領到了 42.97 股的股丫仔，價值就是 567 元（〔13,200 x 42.97〕÷1,000）。基本概念講完了，來舉例囉。

第一步，查詢近五年的現金股利與股票股利數據，無論從奇摩股市、鉅亨網，還是平常在用的看盤軟體都查得到。比如 5880 合庫金，近五年的股利資料如圖 2-1-25，並將其建立於 Excel 資料表（如圖 2-1-26）。別忘記換算股票股利的真實價值，並非現金股利與股票股利直接相加。

圖 2-1-25 合庫金近五年的股利政策

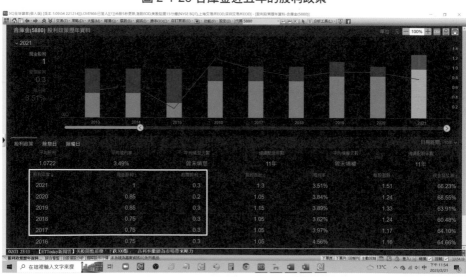

資料來源：XQ 全球贏家，超馬芭樂製作

圖 2-1-26 合庫金近五年的現金股利與股票股利

5880 合庫金	現 金 股 利（元 / 股）	股 票 股 利（元 / 股）	領股日期	現 金 股 利（元）	股 票 股 利（元）	除息前 最高價	除權息 前最高 價的殖 利率
2017/08/16							
2018/08/21	0.7500	0.3000	2018/09/21	750	558		
2019/08/14	0.7500	0.3000	2019/09/18	750	626		
2020/08/12	0.8500	0.3000	2020/09/16	850	603		
2021/08/11	0.8500	0.2000	2021/10/13	850	443		
2022/08/10	1.0000	0.3000	2022/09/13	1,000	824		

資料來源：超馬芭樂製作

　　第二步，查詢該股近五年每年除權息前的最高價，同樣在奇摩股市、鉅亨網，或者平常在用的看盤軟體都查得到。同樣是 5880 合庫金，近五年的除權息前最高價如圖 2-1-27，也將數據建立於 Excel 資料表（如圖 2-1-28）。

　　第三步，5880 合庫金近五年假設最壞的可能所計算出的年殖利率，便是現金股息 ÷ 除息前最高價，五年平均值就是把近五年的年殖利率相加再除以五，你會算囉。

　　第四步，檢視每年的殖利率與五年平均殖利率之間的關係。5880 合庫金近五年的殖利率分別為 6.9%、6.5%、6.6%、

圖 2-1-27 合庫金近五年除權息前的最高點位置

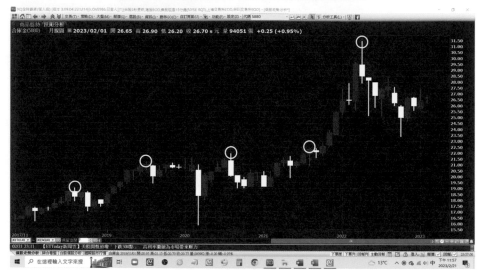

圖 2-1-28 合庫金近五年除權息前的最高點價位

5880 合庫金	現金股利（元/股）	股票股利（元/股）	領股日期	現金股利（元）	股票股利（元）	除息前最高價	除權息前最高價的殖利率
2017/08/16							
2018/08/21	0.7500	0.3000	2018/09/21	750	558	19.00	
2019/08/14	0.7500	0.3000	2019/09/18	750	626	21.25	
2020/08/12	0.8500	0.3000	2020/09/16	850	603	21.95	
2021/08/11	0.8500	0.2000	2021/10/13	850	443	22.40	
2022/08/10	1.0000	0.3000	2022/09/13	1,000	824	31.50	

5.8%、5.8%，而五年平均殖利率為6.3%，彼此之間相差不大（如圖 2-1-29）。

　　第五步，假設了最壞的可能，算出年殖利率的五年平均值，只要是穩定的便可問自己：「這樣的殖利率水準，我滿意嗎？」比如 5880 合庫金年殖利率的五年平均值為 6.3%，而且是穩定的，你覺得如何？答案見仁見智，只要透過兩兩比較，自然能遴選出你最青睞的股票股利存股標的。我再挑一檔來跟合庫金比較。

圖 2-1-29 合庫金近五年的年殖利率與平均值位

5880 合庫金	現金股利（元／股）	股票股利（元／股）	領股日期	現金股利（元）	股票股利（元）	除息前最高價	除權息前最高價的殖利率
2017/08/16							
2018/08/21	0.7500	0.3000	2018/09/21	750	558	19.00	6.9%
2019/08/14	0.7500	0.3000	2019/09/18	750	626	21.25	6.5%
2020/08/12	0.8500	0.3000	2020/09/16	850	603	21.95	6.6%
2021/08/11	0.8500	0.2000	2021/10/13	850	443	22.40	5.8%
2022/08/10	1.0000	0.3000	2022/09/13	1,000	824	31.50	5.8%
							平均值 6.3%

資料來源：超馬芭樂製作

第一步，查詢 2801 彰銀近五年的現金股利與股票股利數據（如圖 2-1-30），並將其建立於 Excel 資料表（如圖 2-1-31）。同樣要記得換算股票股利的真實價值，不是現金股利與股票股利直接相加。

第二步，查詢 2801 彰銀近五年每年除權息前的最高價（如圖 2-1-32），也將數據建立於 Excel 資料表（如圖 2-1-33）。

第三步，2801 彰銀近五年假設最壞的可能所計算出的年殖利率，便是現金股息 ÷ 除息前最高價，五年平均值就是把近五年的年殖利率相加再除以五。

圖 2-1-30 彰銀近五年的股利政策

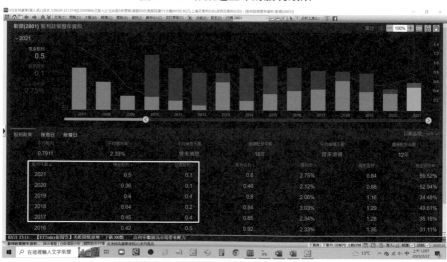

資料來源：XQ 全球贏家，超馬芭樂製作

圖 2-1-31 彰銀近五年的現金股利與股票股利

2801 彰銀	現金股利（元／股）	股票股利（元／股）	領股日期	現 金 股 利（元）	股 票 股 利（元）	除息前最高價	除權息前最高價的殖利率
2017/08/09							
2018/09/04	0.4500	0.4000	2018/09/28	450	756		
2019/08/06	0.6400	0.2000	2019/09/06	640	406		
2020/08/11	0.4000	0.4000	2020/09/11	400	716		
2021/08/31	0.3600	0.1000	2021/09/30	360	165		
2022/08/11	0.5000	0.1000	2022/09/08	500	175		

資料來源：超馬芭樂製作

圖 2-1-32 彰銀近五年除權息前的最高點位置

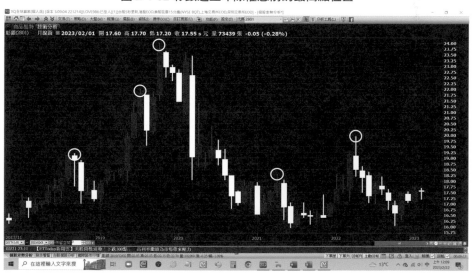

資料來源：XQ 全球贏家，超馬芭樂製作

圖 2-1-33 彰銀近五年除權息前的最高點價位

2801 彰銀	現金股利（元／股）	股票股利（元／股）	領股日期	現 金 股 利（元）	股 票 股 利（元）	除息前最高價	除 權 息 前 最 高 價 的 殖 利率
2017/08/09							
2018/09/04	0.4500	0.4000	2018/09/28	450	756	19.20	
2019/08/06	0.6400	0.2000	2019/09/06	640	406	22.00	
2020/08/11	0.4000	0.4000	2020/09/11	400	716	24.00	
2021/08/31	0.3600	0.1000	2021/09/30	360	165	18.65	
2022/08/11	0.5000	0.1000	2022/09/08	500	175	19.95	

資料來源：超馬芭樂製作

　　第四步，檢視每年的殖利率與五年平均殖利率之間的關係，相信你可以一眼看出兩者是相差不多還是差異很大。2801彰銀近五年的殖利率分別為 6.3%、4.8%、4.7%、2.8%、3.4%，而五年平均殖利率為 4.4%。不是我有偏見，有超過 6%、也有僅 2% 多的，彼此之間的差異不算小，對吧（如圖 2-1-34）？

　　第五步，5880 合庫金年殖利率的五年平均值為 6.3%，而且是穩定的。2801 彰銀年殖利率的五年平均值為不穩定的

4.4%，兩者相比，理性的你知道針對存股的核心價值，5880 合庫金比 2801 彰銀好。再挑一檔來跟合庫比一比。

圖 2-1-34 彰銀近五年的年殖利率與平均值

2801 彰銀	現金股利（元 /股）	股票股利（元 /股）	領股日期	現　金股　利（元）	股　票股　利（元）	除息前最高價	除權息前最高價的殖利率
2017/08/09							
2018/09/04	0.4500	0.4000	2018/09/28	450	756	19.20	6.3%
2019/08/06	0.6400	0.2000	2019/09/06	640	406	22.00	4.8%
2020/08/11	0.4000	0.4000	2020/09/11	400	716	24.00	4.7%
2021/08/31	0.3600	0.1000	2021/09/30	360	165	18.65	2.8%
2022/08/11	0.5000	0.1000	2022/09/08	500	175	19.95	3.4%
							平均值 4.4%

資料來源：超馬芭樂製作

第一步，查詢 2539 櫻花建近五年的現金股利與股票股利數據（如圖 2-1-35），並將其建立於 Excel 資料表（如圖 2-1-36）。

圖 2-1-35 櫻花建近五年的股利政策

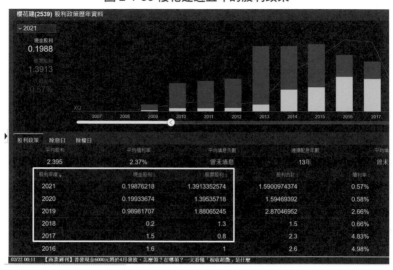

資料來源：XQ 全球贏家，超馬芭樂製作

圖 2-1-36 櫻花建近五年的現金股利與股票股利

2539 櫻花建	現金股利（元/股）	股票股利（元/股）	領股日期	現 金 股 利（元）	股 票 股 利（元）	除息前最高價	除權息前最高價的殖利率
2017/08/03							
2018/09/06	1.5000	0.8000	2018/10/12	1,500	2,188		
2019/08/07	0.2000	1.3000	2019/09/12	200	3,770		
2020/08/19	0.9898	1.8807	2020/09/24	990	5,764		
2021/09/22	0.1993	1.3954	2021/10/27	199	4,409		
2022/08/31	0.1988	1.3913	2022/10/05	199	4,417		

資料來源：超馬芭樂製作

一樣別忘記換算股票股利的眞實價值，並不是現金股利與股票股利直接相加。

第二步，查詢 2539 櫻花建五年每年除權息前的最高價（如圖 2-1-37），也將數據建立於 Excel 資料表（如圖 2-1-38）。

圖 2-1-37 櫻花建近五年除權息前最高點位置

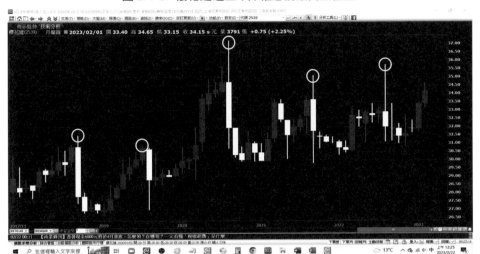

資料來源：XQ 全球贏家，超馬芭樂製作

圖 2-1-38 櫻花建近五年除權息前最高點價位

2539 櫻花建	現金股利（元／股）	股票股利（元／股）	領股日期	現　金股　利（元）	股　票股　利（元）	除息前最高價	除權息前最高價的殖利率
2017/08/03							
2018/09/06	1.5000	0.8000	2018/10/12	1,500	2,188	31.50	
2019/08/07	0.2000	1.3000	2019/09/12	200	3,770	30.90	
2020/08/19	0.9898	1.8807	2020/09/24	990	5,764	37.20	
2021/09/22	0.1993	1.3954	2021/10/27	199	4,409	35.10	
2022/08/31	0.1988	1.3913	2022/10/05	199	4,417	35.75	

資料來源：超馬芭樂製作

第三步，2539 櫻花建近五年假設最壞的可能所計算出的年殖利率，便是現金股息 ÷ 除息前最高價，五年平均值就是把近五年的年殖利率相加再除以五。

第四步，檢視每年的殖利率與五年平均殖利率之間的關係，相信可以一眼看出兩者是相差不多還是差異很大。2539 櫻花建近五年的殖利率分別為 11.7%、12.8%、18.2%、13.1%、12.9%，而五年平均殖利率為 13.8%，其中有超過 18% 的特高值，不過整體而論，年殖利率與平均殖利率差異並不大（如圖 2-1-39）。

圖 2-1-39 櫻花建近五年的年殖利率與平均值

2539 櫻花建	現金股利（元／股）	股票股利（元／股）	領股日期	現 金 股 利（元）	股 票 股 利（元）	除息前最高價	除權息前最高價的殖利率
2017/08/03							
2018/09/06	1.5000	0.8000	2018/10/12	1,500	2,188	31.50	11.7%
2019/08/07	0.2000	1.3000	2019/09/12	200	3,770	30.90	12.8%
2020/08/19	0.9898	1.8807	2020/09/24	990	5,764	37.20	18.2%
2021/09/22	0.1993	1.3954	2021/10/27	199	4,409	35.10	13.1%
2022/08/31	0.1988	1.3913	2022/10/05	199	4,417	35.75	12.9%
							平均值 13.8%

資料來源：超馬芭樂製作

第五步，2539 櫻花建年殖利率的五年平均值為 13.8%，而且還算穩定，跟 5880 合庫金年殖利率的五年平均值穩定的 6.3% 相比，理性的你就知道針對存股的核心價值，2539 櫻花建比 5880 合庫金更具吸引力。

針對股票股利存股，同樣示範了三檔，只要原則搞清楚，邏輯也想明白，選股的方法非常簡單。因為無論是近五年現金股利與股票股利的資料，還是近五年每次除權息前的最高價，透過免費網站或常用的看盤軟體，都可以輕鬆取得。至於每年殖利率與五年殖利率平均值的計算，你也會算。不過同樣的，台股不是只有這三檔，天上自動掉下來的通常不是禮物而是鳥屎。存股優質標的 OK 了，再來就討論存股的執行策略。

何時該進場布局？

先說結論，**如果資金相對充裕，請用「還原周線 K 值低檔黃金交叉」逢低買進；如果資金相對有限，請用「還原月線 K 值低檔黃金交叉」進場布局。**有兩個重點要進一步解釋。

一、不用原始價格，用還原價格。

即使是眞正超優質的現金股利與股票股利存股標的，除非你已家財萬貫、富可敵國，可以漲也買、跌也買、隨時買，想買就買，否則在評估何時該進場布局優質存股標的時，一定是等低檔才買。而低檔是建立在兩個條件：跌得夠深與股價止跌了。判斷是否跌得夠深，就必須用「還原股價」的線圖來看，而不能看原始股價圖。

所謂還原權值，就是把除權息的部分還原回去。簡單舉例：8083 瑞穎在 2022 年 7 月 4 日的收盤價是 176.5 元，7 月 5 日是除息日，配發的現金股利爲 10.2 元，而它 7 月 5 日的收盤價是 170.0 元，你覺得股價是跌了 3.7% 嗎？當然不是！他其實是上漲的，所以在判斷股價趨勢時，要看的是還原權值圖，這樣才不會誤判趨勢（如圖 2-1-40）。

圖 2-1-40 原始市價與還原價值的不同

資料來源：XQ 全球贏家，超馬芭樂製作

二、用技術指標 KD 值評估是否已至修正後的低檔。

礙於篇幅,就不贅述技術指標 KD 值的學理與數學公式。基本涵義是股價上漲時,當日收盤價總是朝向當日價格波動最高價接近;反之股價下跌時,當日收盤價總是朝向當日價格波動最低價接近。透過統計的歸納計算,參數設定為 9-3-3,便能導出對股價反應較快的 K 值與對股價反應稍緩的 D 值。K 值的範圍是 0~100,50 是不多不空的中間值,不過既然要逢低布局,就不要急著在 K 值低於 50 就急著進場,請等 K 值已經落在 25 以下的低檔再說。看清楚,不是 K 值已經落在 25 以下就衝進去,一山還有一山高的下一句,就是一低還有一低低。所以,**除了 K 值已經落在 25 以下的低檔,還要再等到 K 值往上穿過 D 值,有跡象止跌了再買。**

圖 2-1-41 台泥還原周線 K 值低檔黃金交叉

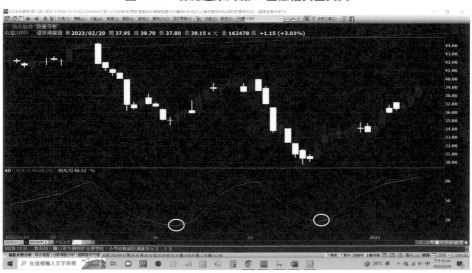

資料來源:XQ 全球贏家,超馬芭樂製作

如上述，如果你的資金相對充裕，請用還原周線 K 值低檔黃金交叉（如圖 2-1-41）；如果資金相對有限，請用還原月線 K 值低檔黃金交叉（如圖 2-1-42）。

何時該毅然離開？

無論是現金股利還是股票股利，我們已經用極嚴謹甚至超嚴苛的原則來篩選優質存股標的，也合理地期待未來能心想事成，透過現金股利創造穩定的被動收入，或透過股票股利增加自身資產。只要標的的存股核心價值沒有減損，我們不但會繼續持有，更會逢低買進。但是，如果、假設、萬一，存股核心價值減損了，我們還要視而不見地抱好抱牢嗎？穩健踏實，不想把未來架構在不切實際想像的超馬芭樂，只要遇到存股標的

圖 2-1-42 聯電還原月線 K 值低檔黃金交叉

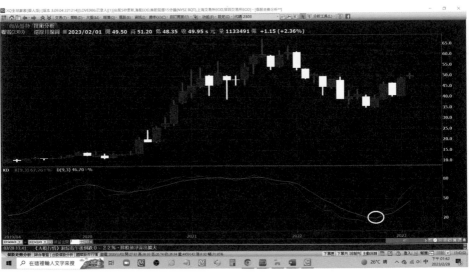

資料來源：XQ 全球贏家，超馬芭樂製作

之存股核心價值減損，例如減資或股利政策不符期待時，就會毅然離開。

　　拿最熟悉的中華電信來說吧，它的現金股利每年都是配發4元多，這份被動收入讓你至少維持基本開銷無虞。但是某一天，中華電信宣布今年的現金股利只發2元，你會怎麼想？你該怎麼做？雖非歸零但完全不符期待，仍繼續持有，然後開始省吃儉用？我不想這樣。簡單來說，我不想去年的被動收入可以讓我遊香港，今年只能逛鹿港。

　　我用2884玉山金當例子，讓你想想為什麼它已經從我的存股名單中移除。首先我們把玉山金之前近五年的股利政策（如圖2-1-43）與殖利率計算Excel表完成，近五年的殖利率分別為8.8%、8.8%、9.8%、7.9%、7.2%，而五年平均殖利率為8.5%，

圖 2-1-43 玉山金近五年股利政策

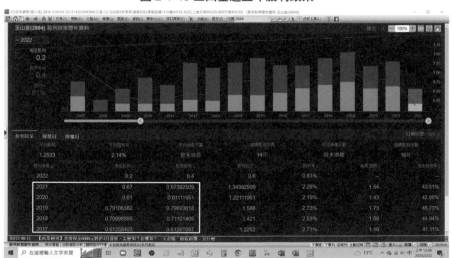

資料來源：XQ 全球贏家，超馬芭樂製作

數字相差不大表示相對穩定，是檔不錯的存股標的（如圖 2-1-44）。所以先前我不但早就買進、持續布局，也一直持有。

圖 2-1-44 玉山金近五年年殖利率與平均值

2884 玉山金	現金股利（元 / 股）	股票股利（元 / 股）	領股日期	現金股利（元）	股票股利（元）	除息前最高價	除權息前最高價的殖利率
2017/08/09							
2018/07/26	0.6126	0.6126	2018/08/27	613	1,363	22.50	8.8%
2019/07/25	0.7100	0.7110	2019/08/27	710	1,770	28.30	8.8%
2020/07/28	0.7911	0.7969	2020/08/26	791	2,180	30.30	9.8%
2021/08/31	0.6100	0.6111	2021/09/30	610	1,607	28.00	7.9%
2022/07/28	0.6700	0.6739	2022/08/31	670	1,900	35.70	7.2%
							平均值 8.5%

資料來源：超馬芭樂製作

事實上，我已經存了玉山金將近十年，如果沒有特殊狀況，我會一直持有下去。不過，2023 年 2 月 20 日，玉山金的最新股利政策公告之後，隔天我就毅然決然地全數出脫（如圖 2-1-45）。因為它的股利政策明顯不符預期，亦即存股核心價值已然大減，判斷過程如下。

假如去年除完權息後進場買了 10 張玉山金，今年二月下旬

得知最新股利政策為配發 0.2 元現金股利與 0.4 元股票股利，你知道不能直接把數字相加，必須先計算兩者的價值才能加總，我們就來一步一步計算。0.2 元現金股利，等於一張股票可以領到新台幣 200 元，10 張股票就可以領到 2,000 元；至於 0.4 元股票股利，等於 10 張股票可以領到 0.4 張股ㄚ仔，因為不知道八、九月玉山金的股價會是多少，我們就以最新股利政策公告那天的市價來計算。當天市價為大約 25 元，0.4 張股ㄚ仔的價值約為 10,000 元（25 x 1,000 x 0.4），當年度存股殖利率的分子就是 12,000 元（現金股利的 2,000 + 股票股利的 10,000），分母呢？別忘記要假設最壞的可能，剛好就是在最高價 28.6 元買的（如圖

圖 2-1-45 玉山金最新股利政策

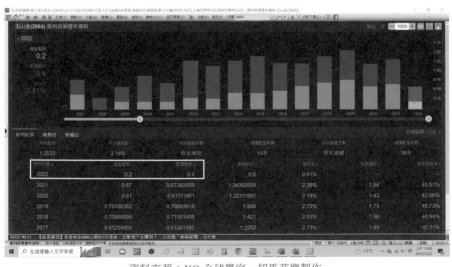

資料來源：XQ 全球贏家，超馬芭樂製作

2-1-46），一張成本為 28,600 元，10 張的成本也就是計算殖利率的分母，便是 286,000 元，因此今年的存股殖利率只剩 4.20%
（12,000 ÷ 286,000）。

圖 2-1-46 玉山金 2023 年除權息前最高點位置

資料來源：XQ 全球贏家，超馬芭樂製作

　　或許對其他股票而言，這樣的殖利率不算太差，但是對玉山金而言，我們長久以往的期待與經歷，不都是假設了最壞的可能，依然可以享穩定的高殖利率嗎？以前通常至少有 8%、

9%，再不濟也有 7% 以上，如今一下子掉到只剩 4.20%，幾乎是攔腰對半砍。這就叫股利政策明顯不符預期，存股核心價值已然大減。

即使玉山金多年來帶給我許多美好的體驗與回憶，但它的質改變了，無論是基於何種看似合情合理、冠冕堂皇的理由，存股核心價值就是變差了。對我而言，態度就如同展元主播在播報棒球比賽時的經典口頭禪：「就像變了心的女友一樣，回不來了。」存股不是養孩子，孩子的表現不好甚至行差踏錯，我們不會放手更不會放棄，我們期待他迷途知返，等待他浪子回頭。但是存股不同，就像是談戀愛，對方已然變心，我們又何必單戀一枝花呢？

再者，請你思考一個問題：把時間拉回至 2012 年 3 月 16 日，玉山金董事會公告了當年的股利政策為現金股利 0.2 元與股票股利 0.5 元，當時的股價也才 16、17 元，你為什麼對它沒興趣？理由其實很簡單，因為這樣的股利政策並不足以吸引你。當時我也同樣沒興趣，因為市場有其他更具存股價值的好股票。如果有人跟你說：「放心啦，玉山金現在的股利政策不怎麼樣，但以後會很棒喔！」你為什麼還是不進場？因為當時的存股價值就是不夠好，對吧？如果真要看圖說故事，2009 年 2 月 27 日玉山金董事會公告了當年的股利政策為現金股利 0 元，股票

股利只有 0.3 元，當時的股價更便宜，我跟你為什麼都對它沒興趣？存股價值不好，不是嗎？如今，當我們認為理所當然該有的存股價值大幅減損了，若還用「沒關係，搞不好明年就好了」來安慰自己，甚至聽到專家說：「只要玉山金的股利政策不等於 0，就可以繼續持有下去。」我也只能再強調一次：存股不是養孩子，何必單戀一枝花。

2-2

刻「股」銘心之波段操作股票

上一單元討論了股票股利與現金股利的存股投資,包括存股核心價值的評估與遴選、優質存股標的進場布局時機的掌握與部位控制,以及存股過程中應該見好就收或急流勇退的狀況。你也已經知道存股的目的,是希望能打造提供穩定現金流的財富自由方式,至於低買高賣、低進高出的資本利得價差效果,則是本單元要討論的「波段操作」。

一開始得先釐清兩個重點:首先,股票的價差操作,會因為進出頻率與持有時間的長短而有數種方式。包括當天買進、當天就賣掉的當沖;今天買進、明天賣掉的隔日沖;買進後持有幾天或一、兩週,就出場的短線交易;買進後持有時間長達數個月、甚至一年的波段操作;買進後一擺就好幾年、甚至超過十年的長期操作。本書要討論的不是時間偏短的當沖、隔日沖、短線交易,也不是王寶釧苦守寒窯十八年那種長期操作,

而是波段操作。

我任職金控集團證券自營部操盤手時，操作的是時間偏短的當沖、隔日沖與短線交易，本來就是每天都在做的工作，也是我吃飯的傢伙之一。但是對一般上班族或有工作的朋友來說，儘管這種操作方式可以透過槓桿效果以小搏大，但因為一般投資人無法天天看盤、遑論時時盯盤，加上短線操作需要具備操作能力、下單技巧、即時資訊、數據資料等，並非隨手可得或一蹴可及，所以我通常不建議投資人太早觸碰這個領域，心態較穩定且時間較有閒時再來琢磨即可。至於為什麼不討論長期操作？因為操作不能只看頭看尾，還有中間的過程。

其次，通常一講到長期操作，很多投資人都會有種觀念：「因為它是檔精挑細選、萬中無一的優質好股票，所以無需嫌貴，隨時都可以進場買進並長期持有。就算股價一時修正導致不小心被套牢，但因為是超級無敵優質好股票，只要一口真氣足，不要想太多地耐心持有即可。只要這麼做，未來一定會有好結果。」那我們就來長期操作台積電吧。

不是刻意、只是不小心，你在 2000 年 2 月審慎評估後買進了基本面優質程度無人可比的台積電，價格大約 200 元。然後，出乎意料地股價不但修正了，還修正得很拚命，最低價一度跌破 40 元。但是不能賣、不該賣、不要賣，因為長期操作就要有

耐性、有毅力，它弱任它弱，只要一口真氣足，對吧？接著，時光荏苒、歲月如梭，時序來到 2017 年 6 月，台積電股價終於再度回到 200 元（如圖 2-2-1）。經過了將近十八年，股價終於

圖 2-2-1 長期持有台積電十五年

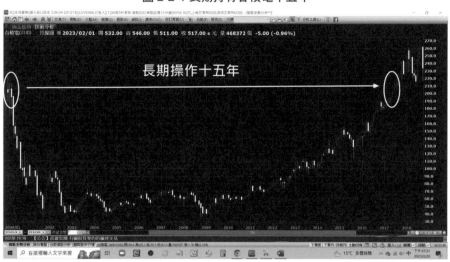

資料來源：XQ 全球贏家，超馬芭樂製作

回來了。終於讓你守得雲開見月明，就像把孩子拉拔到高中畢業，本來行差踏錯的好孩子也終於迷途知返、浪子回頭，你的感覺非常好是嗎？再多等個幾年，時序來到 2022 年 1 月，台積電股價高達 688 元，長期操作的價差將近 500 元，績效超棒（如

圖 2-2-2）。彷彿孩子不但迷途知返、浪子回頭，更洗心革面、奮發圖強，不但大學順利畢業，還厲害地考上台大研究所，光宗耀祖，你的感覺更棒是嗎？

養股票跟養孩子不一樣。說到養兒育女，當然盡心盡力，即使他們一時迷途、行差踏錯，讓我們傷透了心白了頭，為人父母依然一輩子不離不棄地守護孩子，期待有朝一日能喚得浪子歸。但是，論及操作股票，即使是最優質的存股標的，投資存股過程中，一旦股利政策還是資本結構出了狀況，我們都必

圖 2-2-2 長期持有台積電十八年

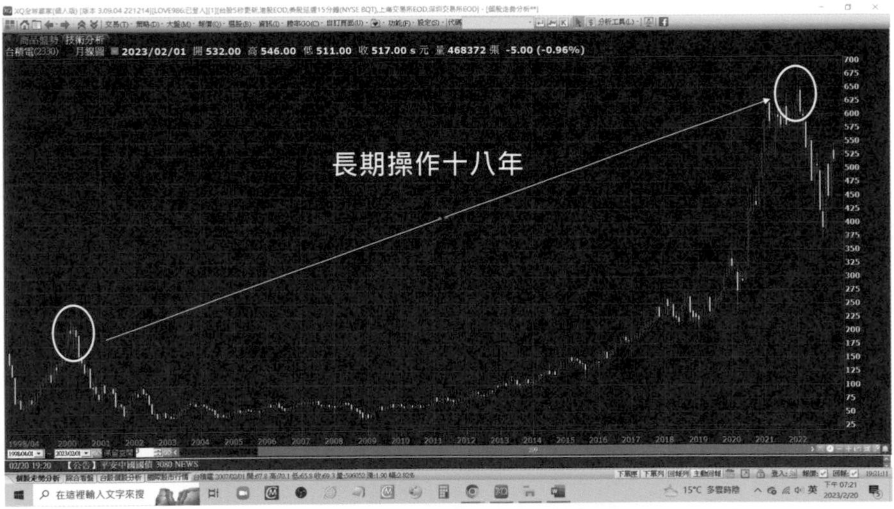

資料來源：XQ 全球贏家，超馬芭樂製作

須毅然決然地果斷離開，絕不能拖泥帶水。操作也是如此，絕不能用後來看到的答案，支持之前的錯誤決策。有時誤打誤撞，運氣好的撞到台積電，但更多人撞到的是宏達電（如圖2-2-3）。現在大家都說宏達電糟、宏達電爛、宏達電該死，不過，在股價突破千元的那段光輝燦爛的時光，它才是當時台股最優質的護國神山喔！

　　只要是價差操作，就不能只看頭尾而不看中間的過程。回到護國神山超優台積電，請想想，當你以 200 元進場買進 5 張，

圖 2-2-3 長期持有宏達電

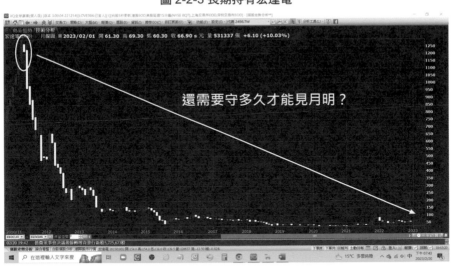

資料來源：XQ 全球贏家，超馬芭樂製作

等於投資了一輛新車的成本。然後，出乎意料地股價修正了，不到三年光景，股價攔腰再攔腰地砍還不夠，價格跌到 40 元以下。本來的尊爵新車，變成十年二手車，你還可以開開心心地持有、並相信它的未來不是夢，或者它弱任它弱，只要一口真氣足而毫無所感？這種超乎常理的非凡人心態，我還真做不到！或許會有人說：「那又沒關係，我還是多少領到股息啊。」投入總成本 100 萬元，1 張虧損 16 萬元，5 張總虧損 80 萬元，只為了領到約 6 萬元的股票股利。亦即 100 萬元的投資，帳面虧損總額「只有」74 萬元，而不是 80 萬元，真的就足以讓那種悲痛欲絕、了無生趣的傷心，變成歡欣鼓舞、樂觀前進的開心？如此超乎想像的人上人心態，我也做不到！

　　所以，我最喜歡、也最建議你執行的操作方式，不是極短線進出，也不是超長期持有，而是面對現實方得果實的波段操作。

明明不該但一直在做的「人云亦云，道聽塗說」

　　討論如何選擇波段操作標的之前，必須先談論一個重點。相信無論是市場老手還是菜鳥新手，一定都知道操作時千萬不要用人云亦云、道聽塗說的方式操作，也就是不要亂聽明牌，得慎思明辨。有沒有道理？當然有。不過你會不會好奇，既然

這是股市操作的金玉良言、至理名言,也幾乎每個投資人都知道且認同,怎麼還是有難以計數的投資人用人云亦云、道聽塗說的方式操作?難不成講話的人會催眠術?當然不是,問題出在人云亦云來自何人之云,道聽塗說來自於何處之道?

這麼說吧,假設午休時間常去附近的自助餐吃飯,你跟老闆也熟了,不修邊幅的老闆說:「我跟你講,這幾天我非常認真研究了聯電這檔股票,它真的很棒喔。考量地緣政治風險,晶圓代工客戶更傾向台系大廠同步提供海外產能以分散風險,且願意支付更高費用,『台灣加一』模式正創造獲利優勢,代表生產基地越有彈性的晶圓代工者將越有競爭力。聯電憑藉堅實的定價策略,客戶組成與產品組合都較過往進步,就算在庫存調整的產業下行循環,獲利能力仍有一定水準,而聯電在成熟製程地位穩固,是 5G、電動車、物聯網發展的重要受惠對象;另外晶圓代工產業處於漲價循環,供不應求已是常態,在漲價的預期效應加以產品組合優化,包括 DDI、指紋辨識與 PMIC 等多項產品轉至 12 吋,且部分產品線如 OLED DDI,網通晶片與 SSD 控制 IC 轉 22/28nm 製程等,預料聯電毛利率將有機會跳增至 30% 以上且逐季增加,稅後 EPS 可望挑戰 4 塊,不買它真的很可惜……」

你會不會聽進去?我幫你回答:不會。因為操作時不能人

云亦云，更不能道聽塗說，亂聽明牌操作當然不對。更何況這個說法是來自不修邊幅的自助餐老闆，別說不可盡信，根本是不可信。但是，如果上一段話是出自於花旗、美林、高盛、摩根士丹利等專業外資法人，你還會不會對此說法嗤之以鼻、不屑一顧？態度是不是有點不一樣了？更別說上一段話若是來自於股神巴菲特，會不會出現一百八十度的大反轉？不但覺得言之有理，更是照單全收？非常可能，對吧？不是才說千萬不要人云亦云、道聽塗說，怎麼只不過是換了個人、從不同道，就不是人云亦云，也不是道聽塗說了？這樣講或許太直白了點，但這是只懂實戰、只講實戰的我，必須幫你釐清的第一個操作觀念！

聽其言更要觀其行的「言行一致，名實相符」

　　「芭樂大說得對，根本就是在說我吧。因為我上班很忙，沒多少時間研究股票，也不是相關科系畢業，更沒待過相關領域的公司行號，無論是電子股、金融股還是傳產股，對於產業技術、競爭概況、營運庫存、財務報表，統統都不太懂。但是我不會聽那些投顧老師亂報，都會看三大法人、尤其是外資法人的研究報告，儘管看不太懂，但我相信他們是專業專職的專家，說法與看法肯定有所本，絕對不會胡說八道，所以才會跟

著他們進出。只不過，操作績效跟我想的不一樣，一進場就被套得海枯石爛，一出場價就漲得一去不回，真是氣死我了。」

　　各位讀者朋友，還記得剛剛說的面對現實方得果實吧。所謂面對現實就是「我知道我不懂」，比如「封裝是塑料或陶瓷封裝牽涉到固定裸晶、連接裸晶墊片至封裝上的針腳並密封整塊裸晶」，我很誠實地說我看不懂，你呢？再說這段「當把電晶體縮小到 20 奈米左右時，就會遇到量子物理中的問題，讓電晶體有漏電的現象，抵銷縮小 L 時獲得的效益，必須導入 FinFET（Tri-Gate）這個概念，減少因物理現象所導致的漏電現象」，依然坦白地說我還是看不懂，你呢？所以，波段操作時若要用產業技術研究再研究、競爭概況分析再分析、營運庫存檢視再檢視、財務報表計算再計算的方式來選股，不但沒有面對現實，更是罔顧現實。更別說要花費多少時間與心力了。

　　我知道想投資順遂、操作獲利，就必須努力、認真，但是，我更希望你面對現實。獅子或許羨慕空中的老鷹，但牠學不會老鷹的翱翔；鱷魚可能讚嘆獵豹的奔馳，但牠學不會獵豹的飆速，對吧？所以，正因為面對現實，才挑得到好的操作標的，方法就是參考專職專業的專家法人。

　　剛剛不是才說跟著專職專業的專家法人進出，但被修理得七葷八素，怎麼現在還要參考專職專業的專家法人？面對現實

是起頭，名符其實是重點。不知道你是否聽過一個笑話：「天下第一味與台灣最美味，兩家自助餐剛好開在隔壁。有一天客人到天下第一味自助餐點餐，吃著吃著覺得味道似乎怪怪的，想找老闆問清楚。結帳阿姨說老闆不在，客人便問老闆去哪裡？阿姨很坦率地說，我們老闆去隔壁的台灣最美味自助餐吃飯。」有點感覺了嗎？老王賣瓜，自賣自誇是理所當然，但是如果說的跟做的不盡相同甚至相反，自己賣瓜卻去買隔壁店家的瓜，很怪吧？就像上述例，聲稱自家的自助餐美味好吃，自己卻每天跑去隔壁自助餐大快朵頤，這種名不符實的做法，自然會知道貓膩在哪裡。參考專職專業的專家法人的概念也是如此，我直接示範一次給你看，之後就會恍然大悟了。

外資法人高盛的兩段說法，內容我們看不完全懂，不過高盛「說」跟摩根大通一樣，非常看好台積電（如圖 2-2-4、2-2-5）。

那麼，聰明睿智的你覺得專職專業的專家高盛，既然在 12 月 9 日公開表示非常看好台積電，目標價上看 600 元。以法人習慣提前布局的慣性而言，高盛的合理做法是不是應該在 12 月 9 日前就已經逢低買進、提前布局了台積電，才是合情合理、名符其實的犀利操作。

圖 2-2-4 高盛法人對台積電的看法 (1)

2022年12月9日 週五 上午7:33

【時報-台北電】半導體庫存調整循環仍在如火如荼進行中，高盛證券調查發現，晶圓代工廠明年上半年的營運谷底可能比預期更深，與摩根大通先前提出觀點相呼應，不過，大哥台積電、二哥聯電產品定價依然穩固，明年下半年將迎來健康反彈，將目標價分別調升到600元與60.2元。

市場對半導體產業修正循環延續已有共識，近期摩根大通、高盛證券等接連提出明年上半年進入谷底、幅度可能比想像中嚴重觀點，其實也廣為市場所接受。高盛證券同時建議旗下客戶要看得遠一點，尤其在11月反彈以前，主要晶圓代工廠台積電、聯電、世界今年以來至10月低點為止，股價重挫40%～62%，比起同期間台股下跌約3成嚴重許多，意味負面因素已大致反映在股價大幅回檔上。

值得注意的是，面對明年上半年晶圓代工的產業修正，依據高盛證券所做調查，成熟製程似乎比先進製程有更高抗壓性，產能利用率有撐，市場投資二哥聯電的優先程度可望受到激勵。

資料來源：工商時報，超馬芭樂製作

圖 2-2-5 高盛法人對台積電的看法 (2)

高盛證券估計，因智慧機、PC終端銷售與去化庫存進度不快，台積電來自關鍵客戶的需求依然疲軟，5、7奈米製程的動能可能進一步衰退，加上傳統淡季效應影響，估計5奈米製程明年上半年產能利用率將降至70%～80%，7奈米製程則下降到5成左右。

相對地，成熟製程的產能利用率比起先進製程將相對有撐，高盛點出，28奈米製程是晶圓代工領域亮點，明年的產能利用率仍高。預期聯電12吋晶圓代工產能利用率從第四季的90%，明年上半年略衰退到80%～85%，至於8吋晶圓部分，聯電、世界明年上半年的產能利用率各降至65%～75%與55%～65%。

展望後市，高盛證券認為半導體庫存明年中將降低到正常水平，下半年迎來健康反彈，如此研判的理由有三：首先，整體晶圓代工廠的資本支出削減幅度，看起來遠低於明年上半年產能利用率下降幅度，顯示下半年訂單展望依舊健康。

其次，台積電擁有議價優勢，明年仍可望調高晶圓代工費用約5%，聯電的代工價格也相當穩固，整體定價前景不差，呼應台積電、聯電認為本次庫存調整只是周期性修正。再者，考量中美關係緊張，客戶尋求供應鏈彈性之際，台系晶圓代工廠明年下半年市占分額將進一步提升，尤其是二線晶圓代工廠受惠更深。(新聞來源：工商時報　　　　/台北報導)

資料來源：工商時報，超馬芭樂製作

圖 2-2-6 高盛法人對台積電的進出記錄 (1)

資料來源：群益金融網，超馬芭樂製作

圖 2-2-7 高盛法人對台積電的進出記錄 (2)

進出明細表

日期	買進(張)	賣出(張)	買賣總額(張)	買賣超(張)
2022/12/08	1,500	1,679	3,179	-179
2022/12/07	1,690	2,974	4,664	-1,284
2022/12/06	2,032	15,922	17,954	-13,890
2022/12/05	921	3,001	3,922	-2,079
2022/12/02	1,061	3,788	4,849	-2,727
2022/12/01	3,689	659	4,348	3,030
2022/11/30	4,813	3,063	7,876	1,750
2022/11/29	6,196	1,207	7,403	4,989
2022/11/28	2,094	2,280	4,374	-186
2022/11/25	800	259	1,059	541
2022/11/24	763	2,084	2,847	-1,321
2022/11/23	5,031	2,577	7,608	2,454
2022/11/22	1,111	2,551	3,662	-1,440
2022/11/21	687	2,050	2,737	-1,363
2022/11/18	1,615	676	2,291	939
2022/11/17	633	1,917	2,550	-1,284
2022/11/16	835	2,664	3,499	-1,829
2022/11/15	11,990	7,052	19,042	4,938
2022/11/14	1,599	1,804	3,403	-205
2022/11/11	2,437	546	2,983	1,891

期間累計買賣超張數：-7,255

資料來源：XQ 全球贏家，超馬芭樂製作

要不要猜猜看，12月9日口說看好台積電的報告出來之前，高盛的實際做法是什麼？（如圖 2-2-6、2-2-7）

　　是的，高盛不但賣，還很認真地賣，這不就是口說自己的瓜最甜，卻跑去買隔壁店家的瓜送人；聲稱自家的自助餐才美味好吃，自己卻每天跑去隔壁自助餐大快朵頤。所以，面對現實就必須參考專職專業的專家法人；但是為了避免人云亦云、道聽途說，我們不能偷懶，必須認真地做功課，判斷專職專業的專家說法與其做法是否一致。亦即是否名實相符，因為唯有言行一致，才能得知值得波段操作的優質標的是誰。例如中鋼，外資自 2016 年迄今的做法是累積超過 120 萬張（如圖 2-2-8）；又如第一金，外資自 2012 年迄今的做法是累積超過 100 萬張（如圖 2-2-9）；再如長榮航，外資自 2021 年迄今的做法累積

圖 2-2-8 中鋼的外資累積籌碼過程

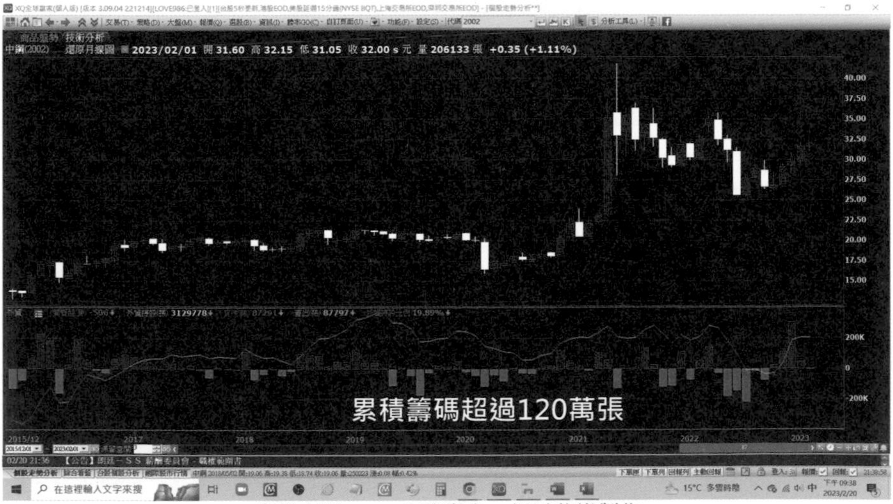

資料來源：XQ 全球贏家，超馬芭樂製作

圖 2-2-9 第一金的外資累積籌碼過程

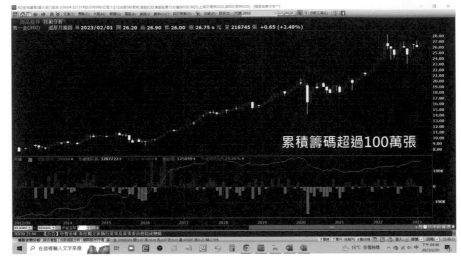

資料來源：XQ 全球贏家，超馬芭樂製作

圖 2-2-10 長榮航的外資累積籌碼過程

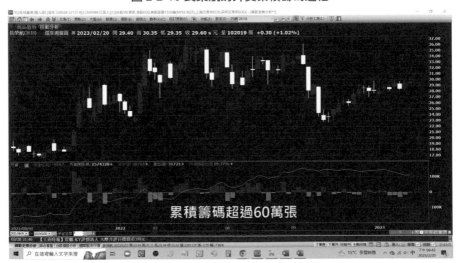

資料來源：XQ 全球贏家，超馬芭樂製作

了超過 60 萬張（如圖 2-2-10）。那麼當外資說看好中鋼、第一金、長榮航，儘管還是會逢高獲利調節，但股價拉回就該進場買股，是不是就名符其實、言行合一了？對於既坦然面對現實也要求名符其實的你，是不是就很簡單地掌握了優質的波段操作標的？再來，我們討論該怎麼波段操作這些優質標的。

何時該進場布局？

第一招：**掌握法人籌碼與成本**。當你已經知道透過面對現實與名符其實，就可以找到優質的波段操作標的，操作方式之一便是計算並掌握法人的持股單位成本。計算 ?! 數學 ?! 還會不會用到統計 ?! 很多人一聽到數字就會倒抽一口氣，直說自己數學很差。我可以理解你的擔憂，但也請放心，高中讀了四年、大學有三個暑假必修科目被當掉都留在學校暑修的我都會算，你當然也可以。

2 月 1 日我路過便利商店，進去買了 2 碗泡麵，每碗單價 60 元。我庫存有 2 碗泡麵，每碗泡麵的平均成本就是 60 元（如圖 2-2-11）。

圖 2-2-11 超馬芭樂買了 2 碗泡麵

一度讚紅燒牛肉麵				
日期	每碗價格	買／賣（碗）	累積存貨	平均成本變化
02/01	NT$60	路過 7-11 時買進 2 碗	庫存 2 碗	每碗平均成本 60 元

資料來源：超馬芭樂製作

　　2 月 2 日我路過全聯，進去再買了 3 碗泡麵，全聯的價格比較便宜，每碗單價只要 50 元。亦即我有庫存 5 碗泡麵，每碗泡麵的平均成本因此變成 54 元（如圖 2-2-12）。

圖 2-2-12 超馬芭樂又買了 3 碗泡麵

一度讚紅燒牛肉麵				
日期	每碗價格	買／賣（碗）	累積存貨	平均成本變化
02/01	NT$60	路過 7-11 時買進 2 碗	庫存 2 碗	每碗平均成本 60 元
02/02	NT$50	去逛全聯時再買進 3 碗	庫存 5 碗（2+3）	(2×60)+(3×50)÷(2+3)，每碗平均成本降為 54 元

資料來源：超馬芭樂製作

2月3日我去逛大潤發，進去又買了9碗泡麵，大潤發的
價格更便宜，每碗單價只要40元。亦即我有庫存14碗泡麵，
每碗泡麵的平均成本因此變成45元（如圖2-2-13）。

圖2-2-13 超馬芭樂再買了9碗泡麵

一度讚紅燒牛肉麵				
日期	每碗價格	買／賣（碗）	累積存貨	平均成本變化
02/01	NT$60	路過7-11時買進2碗	庫存2碗	每碗平均成本60元
02/02	NT$50	逛全聯時再買進3碗	庫存5碗（2+3）	(2×60)+(3×50)÷(2+3)，每碗平均成本降為54元
02/03	NT$40	逛大潤發時又買進9碗	庫存14碗（5+9）	(5×54)+(9×40)÷(5+9)，每碗平均成本再降為45元

資料來源：超馬芭樂製作

2 月 4 日寒流來襲，我飢餓難耐，一口氣吃掉 4 碗泡麵。亦即我的庫存只剩 10 碗泡麵，每碗泡麵的平均成本不會有變化，當然還是 45 元，這一點非常關鍵（如圖 2-2-14）。

圖 2-2-14 超馬芭樂吃了 4 碗泡麵

一度讚紅燒牛肉麵				
日期	每碗價格	買／賣（碗）	累積存貨	平均成本變化
02/01	NT$60	路過 7-11 時買進 2 碗	庫存 2 碗	每碗平均成本 60 元
02/02	NT$50	逛全聯時再買進 3 碗	庫存 5 碗（2+3）	$(2×60)+(3×50)÷(2+3)$，每碗平均成本降為 54 元
02/03	NT$40	逛大潤發時又買進 9 碗	庫存 14 碗（5+9）	$(5×54)+(9×40)÷(5+9)$，每碗平均成本再降為 45 元
02/04		今天太餓，一次吃掉 4 碗	庫存 10 碗（14-4）	每碗平均成本當然還是 45 元

資料來源：超馬芭樂製作

2 月 5 日我再去大潤發買了 15 碗泡麵，每碗單價依然是 40 元。亦即我有庫存 25 碗泡麵，每碗泡麵的平均成本因此變成 42 元（如圖 2-2-15）。

圖 2-2-15 超馬芭樂補貨了 15 碗泡麵

一度讚紅燒牛肉麵				
日期	每碗價格	買／賣（碗）	累積存貨	平均成本變化
02/01	NT$60	路過 7-11 時買進 2 碗	庫存 2 碗	每碗平均成本 60 元
02/02	NT$50	逛全聯時再買進 3 碗	庫存 5 碗（2+3）	(2×60)+(3×50)÷(2+3)，每碗平均成本降為 54 元
02/03	NT$40	逛大潤發時又買進 9 碗	庫存 14 碗（5+9）	(5×54)+(9×40)÷(5+9)，每碗平均成本再降為 45 元
02/04		今天太餓，一次吃掉 4 碗	庫存 10 碗（14-4）	每碗平均成本當然還是 45 元
02/05	NT$40	再去大潤發買 15 碗	庫存 25 碗（10+15）	(10×45)+(15×40)÷(10+15)，每碗平均成本變為 42 元

資料來源：超馬芭樂製作

相信上述的泡麵例子，對你而言是非常簡單的計算，尤其常說自己數學不好的人，無論是張羅生活用品還是買衣服、化妝品，輕而易舉就能算出平均成本。再來，我們進入法人持有股票的單位成本計算。

1 月 9 日法人買進股票 5 張，每張均價是 26.49 元（〔開盤價＋最高價＋最低價＋收盤價〕÷4）。亦即法人庫存有 5 張股票，每張股票的平均成本就是 26.49 元（如圖 2-2-16）。

圖 2-2-16 法人買了 5 張股票

日期		開盤價	最高價	最低價	收盤價	平均價	法人買／賣（張）	累積張數	法人持股平均成本變化
01/09	星期一	26.50	26.55	26.40	26.50	26.49	5 張	5 張	26.49

資料來源：超馬芭樂製作

1 月 10 日法人再買進股票 2 張，每張均價是 26.88 元。亦即法人庫存有 7 張股票，每張股票的平均成本因此變成 26.60 元（如圖 2-2-17）。

1 月 11 日法人又買進股票 13 張，每張均價是 27.00 元。亦即法人庫存有 20 張股票，每張股票的平均成本因此變成 26.86 元（如圖 2-2-18）。

圖 2-2-17 法人又買了 2 張股票

日期		開盤價	最高價	最低價	收盤價	平均價	法人買／賣（張）	累積張數	法人持股平均成本變化
01/09	星期一	26.50	26.55	26.40	26.50	26.49	5 張	5 張	26.49
01/10	星期二	26.80	27.00	26.70	27.00	26.88	2 張	7 張	26.60

資料來源：超馬芭樂製作

圖 2-2-18 法人再買了 13 張股票

日期		開盤價	最高價	最低價	收盤價	平均價	法人買／賣（張）	累積張數	法人持股平均成本變化
01/09	星期一	26.50	26.55	26.40	26.50	26.49	5 張	5 張	26.49
01/10	星期二	26.80	27.00	26.70	27.00	26.88	2 張	7 張	26.60
01/11	星期三	26.95	27.15	26.80	27.10	27.00	13 張	20 張	26.86

資料來源：超馬芭樂製作

　　1 月 12 日法人調節了 10 張，亦即法人的庫存只剩 10 張股票，每張股票的平均成本不會有變化，當然還是 26.86 元。千萬不要因為賣了 10 張有賺錢，就把獲利併入計算而降低單位成本。請務必記住，你花的真金白銀，就是放在左邊口袋的成本；

調節賣出 10 張，無論獲利還虧損，那是放在右邊口袋的操作損益，兩者絕對不要合併計算（如圖 2-2-19）。

圖 2-2-19 法人賣了 10 張股票

日期		開盤價	最高價	最低價	收盤價	平均價	法人買／賣（張）	累積張數	法人持股平均成本變化
01/09	星期一	26.50	26.55	26.40	26.50	26.49	5 張	5 張	26.49
01/10	星期二	26.80	27.00	26.70	27.00	26.88	2 張	7 張	26.60
01/11	星期三	26.95	27.15	26.80	27.10	27.00	13 張	20 張	26.86
01/12	星期四	27.05	27.15	26.60	26.80	26.90	-10 張	10 張	26.86

資料來源：超馬芭樂製作

1 月 13 日法人再買進股票 20 張，每張均價是 26.60 元。亦即法人庫存有 30 張股票，每張股票的平均成本因此變成 26.69 元（如圖 2-2-20）。

這就是計算法人籌碼單位成本的方法，相信稍微想想就知道一點都不難。加上透過 Excel 試算表的功能，無論是剛剛看到的中鋼、第一金、長榮航，還是其他面對現實＋名符其實所

遴選出來的優質波段操作標的，都能輕鬆計算出法人籌碼的單位成本。之後，只要股價修正回到單位成本附近（不要見漲就按捺不住地追高，一定要等到股價壓回合理位置），而且法人的籌碼並未撤退，我們就可以分批買進、逢低加碼。（不能要求法人持股過程一張都不准賣，我們都懂得高檔獲利調節，法人當然也會這麼做。所以別看到法人賣超就哇哇叫而被嚇走，只要調節幅度還在 50% 允許範圍內，亦即本來有 10 萬張，調節幅度就不能超過 5 萬張，超過了就不是調節，而是形同撤退，就別再接棒囉。）至於該怎麼獲利出場？**只要獲利超過 15%，就該開始逢高獲利一直調節。**

圖 2-2-20 法人回補 20 張股票

日期		開盤價	最高價	最低價	收盤價	平均價	法人買/賣（張）	累積張數	法人持股平均成本變化
01/09	星期一	26.50	26.55	26.40	26.50	26.49	5 張	5 張	26.49
01/10	星期二	26.80	27.00	26.70	27.00	26.88	2 張	7 張	26.60
01/11	星期三	26.95	27.15	26.80	27.10	27.00	13 張	20 張	26.86
01/12	星期四	27.05	27.15	26.60	26.80	26.90	-10 張	10 張	26.86
01/13	星期五	26.80	26.80	26.35	26.45	26.60	20 張	30 張	26.69

資料來源：超馬芭樂製作

進場布局第二招：**股價拉回之低檔買進**。跟存股的布局方式一樣，即使已經知道是法人名實相符的操作標的，不能漲也買、跌也買、隨時買，想買就買，仍要逢低才能進場。詳細內容可以回前文再看一下，此處簡單彙整。首先，不是用原始價格，而要用還原價格。判斷股價趨勢時，你必須看的是還原權值圖，這樣才不會誤判趨勢。其次，不是 K 值已經落在 25 以下就衝進去，要等到 K 值往上穿過 D 值的黃金交叉，亦即有跡象止跌了再買。如果資金相對充裕，請用還原周線 K 值低檔黃金交叉逢低買進；如果資金相對有限，請用還原月線 K 值低檔黃金交叉進場布局（如圖 2-2-21、2-2-22）。

圖 2-2-21 台泥還原周線低檔黃金交叉

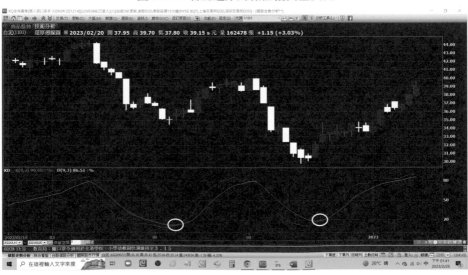

資料來源：XQ 全球贏家，超馬芭樂製作

圖 2-2-22 聯電還原月線低檔黃金交叉

資料來源：XQ 全球贏家，超馬芭樂製作

何時該毅然離開？

第一招：既然費工計算並掌握了法人們的籌碼跟成本，也在與法人成本幾乎一致的最佳時機進場，那就順著法人的步調來調節與出場。一般而言，**無論外資、投信還是自營商，當操作獲利達 15%，便會開始獲利調節；當操作獲利達 30%，就會落袋為安出場**。我也是這麼做，當操作獲利達 15% 就調節，操作獲利達 30% 就打完收工，頂多留一點來拚拚看能漲到哪裡，基本上是見好就收。

第二招：股價漲多之高檔賣出，跟買進的第二招相反即可。首先，當然還是要看還原權值圖才不會誤判趨勢。其次，當 K 值不只已經超過 75，而且出現 K 值往下穿過 D 值的死亡交叉，亦即有跡象止跌了再買。請注意，如果你買進時用的是還原周線，出場就同樣得用還原周線；反之，若一開始是用還原月線進場布局，出場也同樣要看還原月線（如圖 2-2-23、2-2-24）。

圖 2-2-23 華通還原周線高檔死亡交叉

資料來源：XQ 全球贏家，超馬芭樂製作

圖 2-2-24 南港還原月線高檔死亡交叉

資料來源：XQ 全球贏家，超馬芭樂製作

有效的解套脫困

投資人最常問我的問題：「芭樂大，我的台積電買在 604 元，現在該怎麼解套？」我想應該也有很多讀者想知道怎麼順利解套，我就示範一次吧。不過在示範之前，只懂實戰、只講實戰的我，必須先跟你釐清三個解套關鍵：

一、你是存股投資還是價差操作？

二、需要加碼買進個股以降低平均成本時，你是否有足量資金？

三、之後價格來到順利解套的點位時，你真的按得下賣出鍵嗎？

第一關鍵：你是存股投資還是價差操作。這個道理不難理解，如果是前文討論的優質存股標的，再棒的股票也會隨市場多空循環而有漲有跌。只要價格修正時，存股核心價值依然維持、並未減損，我們要做的是低檔持續布局而非解套出場。如果是股票股利或現金股利的存股，除非它出現上一章節提及的狀況，不然我們會一直持有。因此，如果台積電之於你是存股，股價修正就逢低買進；反之，若一開始的初衷便是價差操作，解套之法才適用。

第二關鍵：需要加碼買進個股以降低平均成本時，你是否有足量資金？這當然是最實際的問題，例如台積電不慎套在604元，想解套就必得逢低買進以降低單位平均成本。逢低買進自然需要資金，而且為了更有效地降低單位平均成本，逢低買進的張數往往會更高，所需資金就會更高。因此資金多寡就是必要的考量，巧婦難為無米之炊。

第三關鍵：之後價格來到順利解套的點位時，你真的按得下賣出鍵嗎？這一點是多年來我協助朋友解套時最常遇到的挫

折。逢低買進的位置確實到了，低檔加碼的資金也沒問題，之後價格也順利反彈到解套點，但投資人會瞬間忘記自己在幹什麼。明明是為了解套而執行的策略，可以解套的當下卻突然改變主意，覺得被套那麼久心情不好、胸悶氣鬱，不只想解套，還要拚價差獲利。然後，順利解套的點位真來了，價位又跑了。本來可以順利解套，卻不走了，當股價再度滑落之際，被套牢的張數與資金又更多，未來更難解套。所以，衷心地提醒讀者朋友，這第三關鍵：之後價格來到順利解套的點位時，你真的按得下賣出鍵嗎？一定要按得下。來吧，就用 604 元的台積電來示範如何解套。

首先，圖 2-2-25 左右的兩張圖都是台積電，差別在於左邊是原始值，那是你真金白銀在市場買進的數字。用來看成本，就是 604 元。至於右圖之存在必要，因為還原權值才是看趨勢，何時才叫逢低買進的時機，要看右邊的還原權值圖。其次，日線跟周線的交易頻率都太高，建議使用還原權值的月線。

其次，請保持耐性，不要價格跌了就急著進場攤平，這也是很多投資人常犯的毛病。錢當然要花在刀口上，何況我們的口袋又沒多深，一定要等到最恰當的時機才進場解套。而解套的時機，要看右邊的月 KD 值，當還原月 K 值已經先降到 25以下，再出現 K 值超過 D 值的黃金交叉，便是進場布局、逢低

圖 2-2-25 台積電還原月線圖 (1)

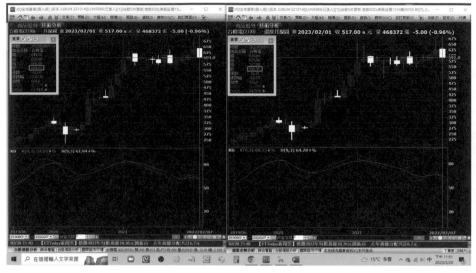

資料來源：XQ 全球贏家，超馬芭樂製作

加碼的時機！

　　當價格跌至 538 元，等於從高點 688 元跌了 21.80%，跌很多了吧？但該不該進場加碼降低單位平均成本？不行！因為右邊的還原月 K 值雖然降低，但數值是 38.27，尚未降至我們需要的 25 以下，所以不能躁進（如圖 2-2-26）。

　　當價格持續下跌至 476 元，等於從高點 688 元跌了 30.81%，跌得更多了。此時該不該進場加碼降低單位平均成本？還是不行！因為右邊的還原月 K 值降至 23.81，已經降到我們需要的 25 以下，但是尚未出現 K 值超過 D 值的黃金交

圖 2-2-26 台積電還原月線圖 (2)

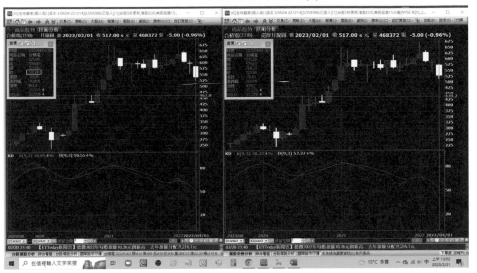

資料來源：XQ 全球贏家，超馬芭樂製作

又，所以依然不能躁進（如圖 2-2-27）。

當價格持續下跌至 422 元，等於從高點 688 元跌了 38.66%，跌得更慘。此時該不該進場加碼降低單位平均成本？還是不行！因為右邊的還原月 K 值降至 18.05，已經降到我們需要的 25 以下，但是同樣尚未出現 K 值超過 D 值的黃金交叉，所以依然不行（如圖 2-2-28）。

當價格不再破底，右邊的還原月 K 值不但先降至我們需要的 25 以下，更出現 K 值超過 D 值的黃金交叉（27.04 >

圖 2-2-27 台積電還原月線圖 (3)

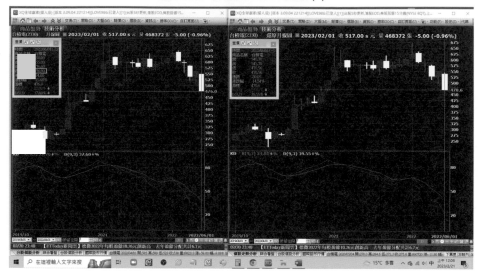

資料來源：XQ 全球贏家，超馬芭樂製作

圖 2-2-28 台積電還原月線圖 (4)

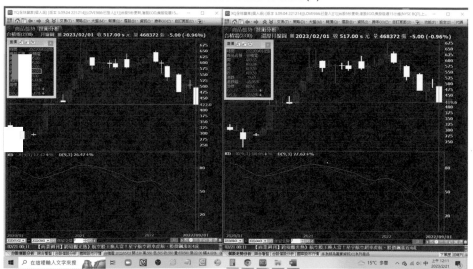

資料來源：XQ 全球贏家，超馬芭樂製作

24.51），這時便能進場逢低加碼。此時的台積電價位約在 480 元～ 490 元，約當 485 元，就算此時只買一張，單位平均成本也降至 544.50 元（〔604.0 +544.5〕÷ 2），再來就是最後的關鍵（如圖 2-2-29）。

請看清楚，股價有沒有順利漲到 544.50 元以上？有！台積電最高漲到了 546 元，請問是不是可以順利解套了？是！那為何有些投資人事後懊悔著說沒解套？剛剛已經提示，解套價位明明到了，也不是非要低檔買進兩、三張，只買一張就夠，但投資人突然決定不走，套太久不想脫困、想拚獲利，然後……（如圖 2-2-30）

圖 2-2-29 台積電還原月線圖 (5)

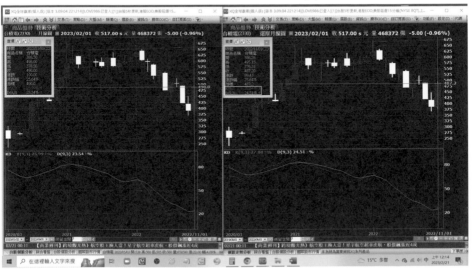

資料來源：XQ 全球贏家，超馬芭樂製作

圖 2-2-30 台積電還原月線圖 (6)

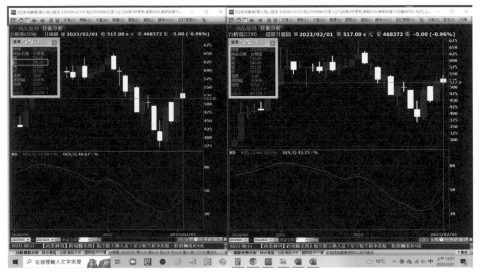

資料來源：XQ 全球贏家，超馬芭樂製作

　　我當然不希望你在操作時出現被套牢的窘境，不過萬一真
不小心，或是親朋好友、公司同事遇到，除了分享這個有效的
脫困解套方法之外，請務必提醒對方：解套價出現、脫困點到
了，別忘了自己原本的期待為何，請不忘初衷地順勢離開下車。

◆ 超馬芭樂之一「志」千金

　　看到這頁的照片，希望讀者朋友沒有受到太大的驚嚇。那是以前的超馬芭樂，講好聽點叫豐潤福態，說穿了就是胖。

　　「胖嘟嘟」是我自小以來就習以為常的狀態。說來也怪，明明家境貧困清寒，我不但沒瘦弱多病，怎麼還有那麼大的本事胖得起來？在此幫大家科普一下。造成肥胖的原因很多，其中之一就是攝取過多澱粉。還記得我小時候得靠著眷補証上的糧票、油票、鹽票過日子吧？糧票就是米飯，當時老爸雖然沒什麼錢讓三個孩子享受美食吃好料，餐餐還是有菜有肉，但也只是少許。反觀政府補給的糧票倒是很有誠意，給了我「白飯吃到飽」的情境，縱然少肉少菜，總可以卯起來吃醬油配飯吧。因此我自小就很愛吃米飯，因此在用心地自我培育之下，從小就胖嘟嘟，像是會

以前的超馬芭樂

呼吸的糯米糰。

對我而言，胖的可怕之處並不在於身形好不好看或會不會影響健康，而是另外四點。首先，我做人還算厚道，也深有自知之明，本來就長得其貌不揚，何必把外表美醜的責任推至體態不良？我真的不帥，問題出在顏值而非體質，既然如此，胖又有何關係？其次，胖的確可能未來會影響健康，但現在沒什麼影響。過往我除了爬樓梯時會因為體重過重而累了些，洗腳與綁鞋帶時會因為肚子太大而卡了些，其他一般的日常生活作息，幾乎沒受到太大影響。既然如此，胖又有什麼關係？三者，我從小就胖且日有所增、月有所進，但並不會因此就買不到衣服或鞋子。而且隨著店家越來越聰明的商業頭腦，坊間的大尺碼衣服不但越來越普及，更是樣式充足且款式新穎，只要有鈔票、有意願，依然能輕易買到擋盡一切肥肉的帥氣衣服。既然如此，胖一點又有什麼關係？最重要的第四點就是我雖然胖，但完全不影響活動與運動能力，就像武打明星洪金寶的靈活度，比他瘦幾十斤的各位也望塵莫及，對吧？既然如此，胖又有什麼關係？就在這種錯誤價值觀的引導下，說我享受自己胖，或許言過其實，但還真不覺得有什麼要緊。

直到有一天寒流來襲，我幫當時只有幼稚園中班的女兒洗澡，讓她泡進已經放好七分熱水的浴缸，再拿泡澡專用玩具，

讓她可以一面泡澡一面玩。等我盥洗後再進浴缸，一起享受溫馨的泡澡趣。熟料當時仍胖嘟嘟的我一踏進浴缸，就像航空母艦首航入水般，不但浴缸內的水瞬間滿溢，女兒心愛的玩具也全跟著泡澡水一起外流。錯愕的女兒立刻大喊：「把拔，小龜小花跟小魚都掉到外面了，趕快救她們回來啦！」疼女如寶的我當然立馬起身，準備踏出浴缸撿拾女兒的玩具。沒想到這一起身更糟糕，浴缸內的水位頓時驟降，本來及肩的水突然降至女兒的胸口以下。上一個錯愕感還沒消失，更強的錯愕感猛然來襲，女兒又喊著：「把拔，好冷！」惜女如命的我馬上坐下來讓浴缸內的水位回升，但這下子就麻煩了。我要怎麼去救女兒的好朋友們？尷尬無比的我只好問女兒：「寶貝啊，妳比較希望把拔起身去救小龜、小花跟小魚，還是乖乖坐好讓妳可以舒服泡澡？」這是我第一次覺得：胖，似乎不太好。

　　寶貝女兒從幼稚園中班開始去音樂教室學木琴，對音樂很有興趣且天分也不錯，很喜歡敲琴，也想參加比賽。她覺得如果能得到名次、拿到獎盃，接受大家的稱讚，肯定會是很不錯的感覺。不過年紀尚小的她雖喜歡敲琴，但還不知道想拿獎盃需要認真練習。每天認真練琴這件事，不是當時的她可以事先體認的辛苦，因為這其實需要很強的意志力支持。所以，當她開始為了比賽而必須每天練琴時，便開始有情緒，會抱怨、嫌

累。怎麼辦？讓她半途而廢地放棄好像也不對，完全不會看五線譜的我該怎麼做？我又不能幫她練，更不可能幫她比賽，腦中念頭一轉：對，我可以教她意志力，為了目標就必須努力並堅持的意志力。言教不如身教，我決定每天跑步瘦身！

從此，無論是平日或假日，也不管外面是豔陽高照還颱風下雨，只要沒有打雷，我每天早上五點會外出練跑。即使氣溫只剩八度的霸王級寒流來襲、還下著大雨，天候狀況糟糕到國父紀念館每天跳土風舞、練太極拳、散步健走的人一個都沒出現，除了負責認真的警衛跟無處可去的野狗外，整個國父紀念館只有我這第三個活體依然堅持練跑。當正在吃早餐的女兒看

現在的超馬芭樂

到全身濕透、一身狼狽的把拔，她當然覺得把拔好辛苦、好可憐，於是忍不住問：「把拔，外面很冷，你很累，對不對？」我笑著說：「是啊，外面真的超級無敵冷，把拔也覺得好累，不過還沒成功一定要堅持，因為那是妳教我的啊。要成功就要堅持，不能找理由不練習，更不能動不動就說要放棄。女兒那麼棒，練琴練得那麼認真，把拔怎麼可以偷懶，對不對？」女

兒或許不見得真的懂，但因為我一志千金之志，看在她眼裡，確實產生了效果。之後她練琴就鮮少再出現抗拒與抱怨的態度。

心之所往，志之所向，行所當為，功之所成。我從來沒有想著成大功立大業，不過很慶幸藉由跑馬這件事，發揮了堅強的意志力。除了讓自己從會呼吸的糯米糰回復成人形，也幫女兒建立了正確的價值觀，更重要的是讓她有個健健康康的爸爸。對我而言，樂活退休的真義有二：一是我不用擔心女兒長大後的未來；二是女兒不用擔心我年老後的健康，你說是吧？

左圖是我參加台北花博超級馬拉松 12 小時賽的完賽照片。當時的成績是分組第四名，不過我已經答應女兒，一定會拿一次分組冠軍。不是因為我有多厲害，再有一志千金之志，要跟那些妖怪等級的高手比拚，確實癡人說夢。不過，我已經認真調查過，超馬賽事有很多組別，70 歲以上的，要麼是沒人參加，要麼就只有兩、三位選手，冠軍的成績也不會太離譜，12 小時跑 80 公里就很有機會奪冠。不像其他組別有太多高手匯聚，有的組別就算 12 小時跑 100 公里，連前五名都排進不去。所以我的目標就設定在 70 歲組，屆時一定可以拿到冠軍。這完全符合我的個性：一來能持續練習到 70 歲，才不枉一志千金之志；二來是到了 70 歲還能跑 12 小時，肯定非常健康，不讓孩子擔心老後更是我的目標。

中華民國超級馬拉松運動協會-賽事成績查詢

選手姓名	成績	總排名	組別	競賽項目	競賽名稱	競賽日期
Name	Record	Rank	Race Group	Race Items	Race Title	Date
藍■■	76.998 KM	1	M70	12H	2017臺北超級馬控松	2017-2-12
楊■■	62.689 KM	2	M70	12H	2017臺北超級馬控松	2017-2-12
吳■■	42.928 KM	3	M70	12H	2017臺北超級馬控松	2017-2-12

選手姓名	成績	總排名	組別	競賽項目	競賽名稱	競賽日期
Name	Record	Rank	Race Group	Race Items	Race Title	Date
謝■■	69.615 KM	1	M70	12H	2022臺北超馬	2022-2-11

選手姓名	成績	總排名	組別	競賽項目	競賽名稱	競賽日期
Name	Record	Rank	Race Group	Race Items	Race Title	Date
劉■■	80.067 KM	1	M70	12H	2023 臺北超馬	2023-2-10
謝■■	76.193 KM	2	M70	12H	2023 臺北超馬	2023-2-10
摩■■	66.507 KM	3	M70	12H	2023 臺北超馬	2023-2-10

第 3 章
實事求是，暢行 ETF

首屈一「指」之樂活存 ETF

首先還是不免俗地先簡單介紹 ETF。ETF（Exchange Traded Fund）的中文全名爲指數股票型基金，是指買賣交易方式和股票一樣的指數型基金。我們可以將 ETF 名稱拆解來看：指數，就是追蹤某一個特定指數；股票型，就是能在股票交易所買賣，交易方式和股票一樣；基金，指的是由投信公司管理，小資金就能一次買進一籃子標的。因此從名字可以知道，ETF 就是基金的一種，基金能幫你分散投資一籃子標的，標的可以是股票、也可以是債券或其他商品。

雖然是基金，但 ETF 這樣的基金商品組成與買賣方式，和傳統的基金不太一樣。例如我們最熟悉的 0050ETF，就是追蹤台灣五十指數，這檔指數的成分股是台灣市值前 50 大上市公司的股票，買進這檔 0050ETF，等於一次買進這 50 間公司的一部分股票。概念上，我們不妨把 0050ETF 當成大型水果籃，籃子

裡有 50 種不同的水果（每年會有一、兩次的固定時間調整，更換水果種類）。我們當然也可以直接單買其中一、兩種特別喜歡的水果，但這樣可能就少了品嘗其他水果的好味道。而直接買這個水果籃，每種水果都能吃到一點。

【優點】

1. **分散風險**：ETF 能一次投資一籃子標的，避免買進單一個股的大漲大跌風險，也降低價格大起大落的波動性。

2. **有多種標的**：ETF 追蹤的指數可能涵蓋非常多國家、地區或產業，市面上也有很多追蹤不同指數的 ETF，選擇更多樣。

3. **獲得市場報酬**：ETF 既然是跟隨某個特定指數，投資人就有機會獲得跟指數一樣的報酬，不至於發生指數上漲而某些個股反而重挫。

4. **適合長期持有**：ETF 是被動跟隨指數，為被動投資的低成本工具，適合長期投資使用。

5. **費用率低**：不由專業經理人主動選股，而是追蹤一個特定指數，可減少管理成本，費用較低。

【缺點】

短線買賣會增加交易成本。因為 ETF 可像股票一樣在股票

市場買賣，所以容易讓一些投資人執行短線交易，但這樣反而會增加交易成本。

1. **績效難勝過指數：**ETF 是追蹤特定指數，所以績效跟指數差不多，甚至因為費用因素微幅落後一點，贏過指數也不是 ETF 的目標。

2. **追蹤誤差：**有些 ETF 沒有完全追蹤指數就會產生追蹤誤差，所以選擇 ETF 時盡量選擇追蹤誤差小的。

3. **有內扣費用：**ETF 雖然費用率沒有共同基金高，但仍有內扣費用。有些 ETF 費用率極低，但也有部分費用率依然昂貴。

4. **有折溢價：**ETF 在股市中是以買賣雙方的出價進行交易，並不是買 ETF 的實際價值（淨值），所以有買的較便宜或較貴的狀況。

ETF vs 共同基金

跟一般的共同基金相比，投資 ETF 的交易費用相對較低。不過，若是跟買賣單一股票相比，ETF 則多了一些內扣費用（expense ratio），畢竟 ETF 是基金的一種，所以會產生管理成本。這個管理成本就是所謂的內扣費用，主要由四個項目組成：管理費（經理費），即操作投資組合所需的管理成本；保管費，即支付保管資金給銀行的成本；買賣周轉成本，即調整投資組合的交易成本；其他雜支費用，即各種經營基金必要的雜支。不過，內扣費用不是我們另外需要繳的費用，而是會從

基金的淨值裡面扣除，進而反應在 ETF 的股價或基金價格上。我們看到 ETF 或基金的淨值漲幅，其實已經扣完費用。例如 0050ETF，假若公告的年內扣費用率是 0.52%，意思就是一整年會收取合計 0.52% 的總費用。但並非收年費，內扣費用是天天扣款，一天收取的比例就是總費用的 365 分之 1。算一算已經不知道是小數點幾位了，所以倒也不用因此而挑 ETF 的毛病（如圖 3-1-1）。

圖 3-1-1 共同基金與 ETF 的異同

基金名稱	共同基金 Mutual Fund	ETF（股票指數型基金）Exchange Traded Fund
基金特性	人為操作（主動型）	追蹤指數（被動型）
投資風格	主動型（由基金經理人選股／擇時交易）	被動型（被動追蹤某一指數）／主動型
投資目的	打敗大盤	複製追蹤的指數報酬
內扣費用	較高（1～3%）	較低（0.1～0.5%）
買賣方式	基金交易平台	股票交易市場
買賣價格	按淨值且每日報價一次	與股票一樣隨市場變動
優點	・節省研究與管理的時間 ・基金的種類多	・買賣方便 ・費用率低
缺點	・對投資的掌控度低 ・交易成本比較高	・因是在股市交易，易有折溢價 ・須注意追蹤誤差
適合的人	不擅長做投資分析，以及想要讓投資組合更多樣化的人	需要做簡單分散投資的人

資料來源：超馬芭樂製作

ETF 雖然是種風險極低的金融性資產，但也不是零風險，因爲 ETF 還是有可能下市。首先就理論而言，ETF 是一籃子股票，也就是說，即使籃子中的某一檔股票因故變成地雷股而下市，當然會造成價格與價值上的減損，但還不至於讓 ETF 的價格與價值隨之盡歸於無。除非這檔 ETF 投資的全部股票在同一時間變成壁紙，但這種假設只是純理論的情況，倒也不用太緊張。而 ETF 還是有可能會下市的原因，一來是淨值跌幅太大，以台股來說，台灣證交所明定股票 ETF，若最近 30 個營業日的平均淨值累積跌幅達 90%，就符合下市門檻（符合下市門檻並非強迫下市，基金公司有權決定是否繼續經營）。一般而言，正常分散投資的 ETF 不可能有這種跌幅，因爲這代表 ETF 中每檔成分股都大跌，通常是少數特殊 ETF 標的，例如槓桿型 ETF 或 VIX 型 ETF 才會遇到這類問題。比如元大 S&P 原油正 2（原 00672L），在 2020 年 3 月國際油價大跌，四月淨值最低時只剩下 0.49 元，已經符合近 30 個營業日的平均淨值較發行價下跌 90% 的標準，之後便黯然下市。

　　第二個會造成 ETF 下市的主要原因，不是 ETF 操作虧損導致淨值大減，絕大多數都是因爲 ETF 資產規模太小，基金公司覺得運作成本太高不划算，才會決定下市清算。台灣證交所也規定，股票 ETF 最近 30 個營業日的平均規模低於新台幣 1 億元，

就符合下市門檻（同樣不是強迫下市，而是基金公司自行決定是否繼續經營）。像新光內需收益 ETF（原 00742）與元大台商五十 ETF（原 0054），都是因為這個原因而分別在 2022 年的 5 月 19 日與 5 月 27 日收工退場。因此，只要別去碰資產規模太小與成交量太低的 ETF，也避免選擇冷門的商品或市場，就不至於買到可能下市的 ETF（如圖 3-1-2）。

圖 3-1-2 ETF 的下市規定

證券投資信託 ETF
· ETF 最近 30 個營業日**平均規模**低於終止門檻。
· 股票 ETF 終止門檻一般為 1 億元，債券 ETF 一般為 2 億元。

信託契約 **終止**

期貨信託 ETF
· 最近 30 個營業日之平均 **NAV 累積跌幅達 90%**，或**平均規模**低於終止門檻。
· 目前期貨 ETF 終止門檻多為 5 千萬元。

資料來源：超馬芭樂製作

備註：ETF 下市和股票下市，兩者意義並不相同。股票下市表示該股票已經變成壁紙、價值歸零；ETF 下市並不等於資產歸零，也不等於資產減損。因為 ETF 是一檔基金，投資組合中包含許多成分股，即使基金本身解散，裡面的持股仍是屬於投資人的資產，會清算後歸還給投資人。只要這些持股本身價值沒有減損或歸零，ETF 本身就不會有資產減損或歸零的問題（如圖 3-1-3）。

圖 3-1-3 ETF 的下市流程

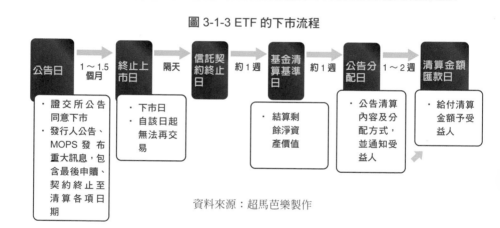

資料來源：超馬芭樂製作

相信對各位讀者而言，已經知道 ETF 是種以基金為名，行股票之實的金融商品，市場對它最為稱許的便是分散風險的功能。畢竟只持有一檔個股與同時持有數十檔個股，風險程度差異甚大。不過，在此也必須提醒，市場沒有、也不會有完美的金融商品，ETF 能分散風險，但同時也會稀釋利潤。

舉個例子，2023 年一開始，台股便出現跌深反彈的走勢。自一月起至二月底，元大台灣 0050ETF 的漲幅接近 15%，表現還算不錯，不過 0050 這一籃子股票中，2303 聯電的漲幅超過 25%，兩者相比頗有差距。也就是說，如果當初我們直接買聯電而非 0050，不就賺得比較多？我當然不是標榜只要操作能力沒問題，單一個股的績效通常比 ETF 好，而是希望讀者釐清一個觀念：魚與熊掌不能兼得，我們不能又要馬兒好，又要馬兒不吃草（如圖 3-1-4）。

圖 3-1-4 聯電與 0050 的同時期走勢

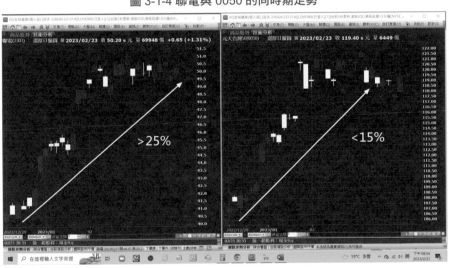

資料來源：XQ 全球贏家，超馬芭樂製作

或許會有人覺得，操作單一個股的績效似乎比操作一籃子股票的 ETF 好。不過，評估同樣的時期仍是參考同樣的0050ETF。若換成 0050ETF 這一籃子股票中的另一檔個股 2002中鋼，它也有漲，但漲幅卻不到 8%，遠不如同時期 0050ETF約 15% 的漲幅。也就是說，萬一當初我們直接買的是中鋼而非0050，不就要哭沒眼淚（如圖 3-1-5）？

　　所以，不單單只是 0050ETF，所有 ETF 的建構初衷與目的，並非像一般股票型基金，願意承擔多一點風險而試圖打敗大盤。想創造優於大盤或特定指數的績效，只要與大盤或特定指數的

圖 3-1-5 中鋼與 0050 的同時期走勢

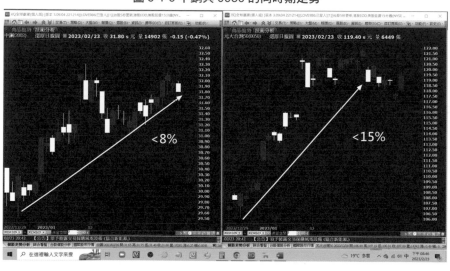

資料來源：XQ 全球贏家，超馬芭樂製作

漲跌同步同幅即可。因此，**當 ETF 在有效分散風險之際，利潤的稀釋就是合理的代價**。存股也一樣，比如我直接挑一檔具有優質存股價值的股票股利或現金股利存股，可以有 8%、10% 甚至 12%，但存 ETF 的殖利率就沒那麼高，因爲 ETF 的存股本質，就是風險分散時也會稀釋利潤。

由於 ETF 的配息都是現金股利，而之前透過現金股利存股的章節，已經了解選股的關鍵原則便是假設最壞的可能，追求最高的穩定。所以接下來，就直接示範如何評比眞正具有存股價值的 ETF。

ETF 的存股標的遴選

年配型 ETF，我們看一下 0051 元大中型一百 ETF，近五年每年都在除息前最高價進場存股的殖利率，分別爲 2.8%、3.4%、2.7%、2.9%、3.9%，而五年平均殖利率爲 3.1%，還算穩定。相較於無風險的現有一年期定存利率，僅 1% 多一點。幾乎無風險的 0051 元大中型一百 ETF，提供穩定 3.1% 的平均年殖利率，你覺得如何？還喜歡嗎？不急，我們再看看其他標的（如圖 3-1-6）。

圖 3-1-6 0051 元大中型一百 ETF 近五年的年殖利率與平均值

0051	現金股利合計（元）	除息前最高價	除權息前最高價的殖利率
2017/11/23			
2018/11/22	1.00	35.40	2.8%
2019/11/22	1.20	35.82	3.4%
2020/11/20	1.10	41.45	2.7%
2021/11/19	1.75	59.70	2.9%
2022/11/16	2.40	61.85	3.9%
			五年平均 3.1%

資料來源：超馬芭樂製作

　　0053 元大電子 ETF，近五年每年都在除息前最高價進場存股的殖利率，分別為 2.9%、3.6%、2.4%、2.4%、2.4%，而五年平均殖利率為 2.7%，也是穩定。相較 0051 元大中型一百 ETF 的 3.1% 平均年殖利率，你是否已經知道該留下誰？哪一檔該請它先到旁邊休息一下？我知道對有些投資人而言，會想先了解 0051 元大中型一百 ETF 跟 0053 元大電子 ETF 持有的分別是哪些標的、持股比例多少、總費用率多少等細項。這當然

很好，不過，我建議先透過最關鍵的存股核心價值來評比遴選，濃縮再濃縮、提煉再提煉，最後找到兩檔存股核心價值同樣吸引你的 ETF 標的，屆時再來檢視哪一檔標的與持股比例讓你更青睞會比較有意義（如圖 3-1-7）。

006204 永豐台灣加權 ETF，近五年每年都在除息前最高價進場存股的殖利率，分別為 3.4%、2.6%、1.2%、5.6%、2.9%，而五年平均殖利率為 3.1%，並不穩定；好的時候超過 5%，差

圖 3-1-7 0053 元大電子 ETF 近五年的年殖利率與平均值

0053	現金股利合計（元）	除息前最高價	除權息前最高價的殖利率
2017/11/23			
2018/11/22	1.10	38.30	2.9%
2019/11/22	1.50	42.10	3.6%
2020/11/20	1.30	54.75	2.4%
2021/11/19	1.70	69.60	2.4%
2022/11/16	1.71	72.65	2.4%
			五年平均 2.7%

資料來源：超馬芭樂製作

的時候竟只有 1% 多一點。相較 0051 元大中型一百 ETF 的穩定 3.1% 平均年殖利率，你是否已經知道該留下誰？還是提醒讀者朋友，存股核心價值請當成最重要且最優先的評比原則，不要一開始就用個人主觀好惡選擇（如圖 3-1-8）。

圖 3-1-8 006204 永豐台灣加權 ETF 近五年的年殖利率與平均值

006204	現金股利合計（元）	除息前最高價	除權息前最高價的殖利率
2017/10/31			
2018/10/30	1.94	57.50	3.4%
2019/10/29	1.52	58.30	2.6%
2020/10/23	0.76	65.65	1.2%
2021/10/19	5.30	94.40	5.6%
2022/10/19	2.68	92.75	2.9%
			五年平均 3.1%

資料來源：超馬芭樂製作

00730 富邦台灣優質高息 ETF，近五年每年都在除息前最高價進場存股的殖利率，分別為 4.6%、3.9%、4.5%、5.0%、5.3%，而五年平均殖利率為 4.7% 還算穩定，很明顯地高於

0051 元大中型一百 ETF 的 3.1% 平均年殖利率。你已經知道哪一檔該請它休息一下了（如圖 3-1-9）？

圖 3-1-9 00730 富邦台灣優質高息 ETF 近五年的年殖利率與平均值

00730	現金股利合計（元）	除息前最高價	除權息前最高價的殖利率
2017/10/31	1.70		
2018/10/30	0.98	21.11	4.6%
2019/10/22	0.75	19.15	3.9%
2020/10/21	0.84	18.70	4.5%
2021/10/19	1.13	22.47	5.0%
2022/10/19	1.08	20.15	5.3%
			五年平均 4.7%

資料來源：超馬芭樂製作

0056 元大高股息 ETF，近五年每年都在除息前最高價進場存股的殖利率，分別為 5.2%、6.2%、5.1%、5.0%、6.1%，而五年平均殖利率為 5.5%，還算穩定，很明顯地又更高於 00730 富邦台灣優質高息 ETF 的 4.6% 平均年殖利率，所以我才一直持有它（如圖 3-1-10）。

圖 3-1-10 0056 元大高股息 ETF 近五年的年殖利率與平均值

0056	現金股利合計（元）	除息前最高價	除權息前最高價的殖利率
2017/10/30			
2018/10/23	1.45	27.84	5.2%
2019/10/23	1.80	29.06	6.2%
2020/10/28	1.60	31.11	5.1%
2021/10/22	1.80	36.17	5.0%
2022/10/19	2.10	34.35	6.1%
			五年平均 5.5%

資料來源：超馬芭樂製作

　　「等等，市場上很常講、甚至大推的高股息基金，尤其是 00878 國泰永續 ESG 台灣高股息 ETF，跟 00900 富邦特選高股息 ETF，兩個你都不喜歡嗎？」這我得先反過來請教一個問題：「籃球場鬥牛時，你是隊長且可以挑選隊友，你會挑一個練球時五投五中的 A，還是只練投一次而有進球的 B ？」你的答案會不會跟我一樣？當然選 A，倒也不能說 B 一定打不好，但真要選 B，是不是最好再看一看、想一想？我們先來看一下 00878 國泰永續 ESG 台灣高股息 ETF，與 00900 富邦特選高股息 ETF 的配息紀錄吧（如圖 3-1-11、3-1-12）。

圖 3-1-11 00878 國泰永續 ESG 台灣高股息 ETF 近年配息紀錄

國泰台灣ESG永續高股息基金(00878)歷史配息

所屬年度	除息日	除息前股價	當季 / 年		近四季	
			現金股利(元)	現金殖利率(%)	現金股利(元)	現金殖利率(%)
111年第4季	2023/2/16	17.24	0.27	1.57	1.15	6.67
111年第3季	2022/11/16	16.77	0.28	1.67	1.18	7.04
111年第2季	2022/08/16	16.77	0.28	1.67	1.18	7.04
111年第1季	2022/05/18	16.77	0.32	1.91	1.20	7.16
110年第4季	2022/02/22	16.77	0.30	1.79	1.13	6.74
110年第3季	2021/11/16	18.85	0.28	1.49	0.98	5.20
110年第2季	2021/08/17	18.85	0.30	1.59	0.75	3.98
110年第1季	2021/05/18	18.85	0.25	1.33	0.45	2.39
109年第4季	2021/02/25	18.85	0.15	0.80	0.20	1.06

資料來源：CMoney，超馬芭樂製作

圖 3-1-12 00900 富邦特選高股息 ETF 近年配息紀錄

富邦特選高股息30 ETF(00900)歷史配息

所屬年度	除息日	除息前股價	當季 / 年		近四季	
			現金股利(元)	現金殖利率(%)	現金股利(元)	現金殖利率(%)
111年第4季	2023/02/16	11.31	0.12	1.06	1.47	13.00
111年第3季	2022/11/16	10.75	0.15	1.40	1.35	12.56
111年第2季	2022/08/16	12.5	1.20	9.60	1.20	9.60

資料來源：CMoney，超馬芭樂製作

2021 年 12 月 22 日上市的季配型 00878 國泰永續 ESG 台灣高股息 ETF，迄今有兩次完整的年度配息，而根據這兩年的季配表現，一樣可以試算出它的存股核心價值非常好。近兩年每年都在除息前最高價進場存股的殖利率，分別為很棒的 5.6% 與更棒的 6.0%，而兩年平均殖利率高達 5.8%，非常穩定，很明顯地高於 0056 元大高股息 ETF 的 5.5% 平均年殖利率（如圖 3-1-13）。那怎麼不選它？至於 00900 富邦特選高股息 ETF，以它季配型的特色，目前尚未有過完整一次的二月、五月、八月、十一月配息，亦即兩者的成立時間都尚短，參考樣本還不夠。對於存股時必定堅守原則的我來說，它們都必須有至少完整五年的配息紀錄，屆時再以同樣的原則與邏輯審慎檢視後，

圖 3-1-13 00878 國泰永續 ESG 台灣高股息 ETF 近二年的年殖利率與平均值

00878	現金股利合計（元）	除息前最高價	除權息前最高價的殖利率
2020/07/20			
2021/02/25	0.98	17.55	5.6%
2022/02/22	1.18	19.78	6.0%
			兩年平均 5.8%

資料來源：超馬芭樂製作

如果存股核心價值真的不遜於、甚至凌駕於 0056 元大高股息 ETF，我自會將其納入存股標的。

「再等等，00878 國泰永續 ESG 台灣高股息 ETF，跟 00900 富邦特選高股息 ETF 的狀況我已經了解，那另外一檔全台最知名的國民基金 0050 元大台灣五十 ETF，它的掛牌時間肯定夠久，參考樣本一定足夠，你怎麼沒選？」這個問題問得更好，我得好好解釋一番。

回歸存股的本質初衷，核心價值 vs 附加價值

首先，請看看圖 3-1-14，想想你的第一個答案。

圖 3-1-14 武陵銀行與五柳銀行的基本評估比較

近五年狀況	武陵銀行 （官股比重 100%）	五柳銀行 （官股比重 100%）
2018 年一年期定存利率	3.3%	5.2%
2019 年一年期定存利率	3.4%	6.2%
2020 年一年期定存利率	3.6%	5.1%
2021 年一年期定存利率	2.4%	5.0%
2022 年一年期定存利率	3.3%	6.1%
基本評估	平均 3.2%	平均 5.5%
為了安心退休，是否該把錢放在「核心價值穩定而高」的五柳銀行？		

資料來源：超馬芭樂製作

武陵銀行近五年的定存利率分別爲 3.3%、3.4%、3.6%、2.4%、3.3%，五年平均定存利率爲 3.2%，還算穩定；而五柳銀行近五年的定存利率分別爲 5.2%、6.2%、5.1%、5.0%、6.1%，五年平均定存利率爲 5.5%，更穩定。所以，爲了安心退休，爲了想有足夠且穩定的被動收入，我們是不是該把錢放在五柳銀行？你的答案肯定跟我一樣：當然！那我們就再看進階題。

武陵銀行爲了吸引客戶打出廣告，只要願意把錢存進武陵銀行，或許、可能、有機會可以得到高檔電磁爐，隔壁那間五柳銀行雖然存款利率比較高，但它眞的很小氣，只是或許、可能、有機會可以得到普通的羊肉爐。所以，聰明睿智的讀者朋友，你會不會眞的就把錢改存至定存利率明顯較低，但或許、可能、有機會送你高檔電磁爐的武陵銀行？相信你的答案跟我也一定相同：當然不會（如圖 3-1-15）！

那麼，你怎麼還會想存 0050 元大台灣五十 ETF，而放棄存 0056 元大高股息 ETF ？我們直接來對比兩者的存股核心價值（如圖 3-1-16 、3-1-17）。

圖 3-1-15 武陵銀行與五柳銀行的附加價值比較

近五年狀況	武陵銀行 （官股比重 100%）	五柳銀行 （官股比重 100%）
2018 年一年期定存利率	3.3%	5.2%
2019 年一年期定存利率	3.4%	6.2%
2020 年一年期定存利率	3.6%	5.1%
2021 年一年期定存利率	2.4%	5.0%
2022 年一年期定存利率	3.3%	6.1%
基本評估	平均 3.2%	平均 5.5%
附加價值	過年「可能」會送電磁爐	過年「或許」只送羊肉爐
為了安心退休，是否該把錢放在「核心價值穩定而高」的五柳銀行？		
為了「可能的附加價值」，該不該把錢改存至武陵銀行？		

資料來源：超馬芭樂製作

圖 3-1-16 0056 元大高股息 ETF 近五年的年殖利率與平均值

0056	現金股利合計（元）	除息前最高價	除息前最高價的殖利率
2017/10/30			
2018/10/23	1.45	27.84	5.2%
2019/10/23	1.80	29.06	6.2%
2020/10/28	1.60	31.11	5.1%
2021/10/22	1.80	36.17	5.0%
2022/10/19	2.10	34.35	6.1%
			五年平均 5.5%

資料來源：超馬芭樂製作

圖 3-1-17 0050 元大台灣五十 ETF 近五年的年殖利率與平均值

0050	現金股利合計（元）	除息前最高價	除息前最高價的殖利率
2017/01/29			
2018/01/29	2.90	88.40	3.3%
2019/01/22	3.00	88.35	3.4%
2020/01/31	3.60	98.85	3.6%
2021/01/22	3.40	143.25	2.4%
2022/01/21	5.00	152.40	3.3%
			五年平均 3.2%

資料來源：超馬芭樂製作

　　你發現了吧？武陵銀行就是指 0050 元大台灣五十 ETF，而五柳銀行則是指 0056 元大高股息 ETF。0050 元大台灣五十 ETF 的存股核心價值為穩定的 3.2%，還不錯，但 0056 元大高股息 ETF 的存股核心價值是更穩定的 5.5%。為了安心退休、為了穩定而足夠的被動收入，甚至為了財富自由，我跟你當然都該選擇存股核心價值較優的 0056 元大高股息 ETF，而非市場更吹捧的 0050 元大台灣五十 ETF。只不過，許多投資人還是會對存股過程中的「附加價值」心有期許，如同對武陵銀行或許、可能、有機會提供高檔的電磁爐念茲在茲；而那個附加價值，就是所謂的操作價值。也就是說，即使知道 0050 元大台灣五十 ETF 的殖利率遠不及 0056 元大高股息 ETF，但在「進可攻退可

守」這句話的影響下、在可能會有操作價差的附加價值吸引下，選擇了 0050 元大台灣五十 ETF 而割捨 0056 元大高股息 ETF。這一點我就以三個邏輯來回覆疑問，並強化你的正確決策。

　　一、既然初衷與目的是為了存股而非賺價差，那麼是不是本來就該選擇存股核心價值較高者，而非考量價差操作是否真的會創造可能的附加價值？放棄定存利率明顯較優的五柳銀行，只為了不一定會得到的電磁爐，而把錢放在定存利率明顯較低的武陵銀行，這真的是你覺得合理的投資行為？這樣的決策到底是神操作還是卡到陰？

　　二、如果真的有賺取操作價差的能力，就不該只操作 0050 元大台灣五十 ETF，應該也有操作其他 ETF 與個股賺取價差的能力吧？總不能說我會騎腳踏車，但只會騎台北的 U-bike，台中、高雄、花蓮的 U-bike 就不會騎吧？

　　隨手舉個例，我不會刻意挑那種稀奇古怪的個股來跟 0050 對比，而是用你一定認識的聯電來對照。看看低進高出的做多與高空低補的放空時，兩者誰的空間大（如圖 3-1-18）。

圖 3-1-18 聯電與 0050 同時期的股價震盪表現

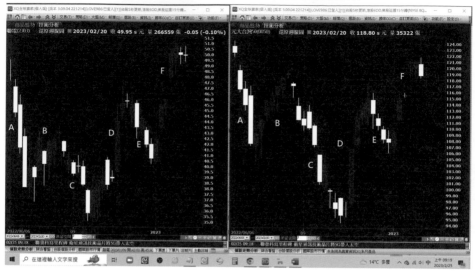

資料來源：XQ 全球贏家，超馬芭樂製作

A 段下跌：聯電的跌幅為 24.2%，0050 的跌幅為 16.0%，論空單操作時需要的震盪空間，聯電的空單可操作特質明顯優於 0050。

B 段上漲：聯電的漲幅為 18.6%，0050 的漲幅為 13.5%，論多單操作時需要的起伏程度，聯電的多單可操作特質仍是優於 0050。

C 段下跌：聯電的跌幅為 23.2%，0050 的跌幅為 17.7%，論空單操作時需要的震盪空間，聯電的空單可操作特質明顯優於 0050。

D 段上漲：聯電的漲幅為 40.6%，0050 的漲幅為 18.8%，論多單操作時需要的起伏程度，聯電的多單可操作特質明顯優於 0050。

　　E 段下跌：聯電的跌幅為 14.6%，0050 的跌幅為 9.3%，論空單操作時需要的震盪空間，聯電的空單可操作特質明顯優於 0050。

　　F 段上漲：聯電的漲幅為 27.4%，0050 的漲幅為 14.9%，論多單操作時需要的起伏程度，聯電的多單可操作特質明顯優於 0050。

　　如果有價差操作的能力，無論是做多還是放空，聯電的操作空間都明顯優於 0050。真有價差操作本事的人，選擇進可攻、操作獲利空間明顯更大的聯電才應該吧？何況聯電的配息也不差，退可守股息獲利空間也不輸 0050（如圖 3-1-19）。

圖 3-1-19 聯電近年的配息紀錄

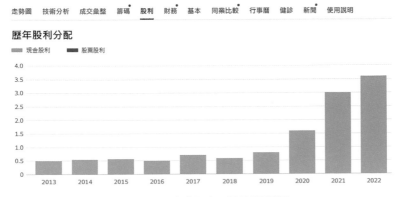

資料來源：奇摩股市，超馬芭樂製作

三、既然真的有賺取操作價差的能力，既然要進可攻、退可守，與其挑存股核心價值只有 3.2% 的 0050 元大台灣五十 ETF，是不是更該選存股核心價值高達 6.9% 的 6292 汛德來操作？因為後者一樣可以攻城掠地，而退可守的底子遠勝前者，不是嗎？

何時該進場布局？

　　跟上一章節存股的布局方式一樣，股價拉回之低檔買進。即使你很清楚 ETF 非常安全，精挑細選的存股標的確實具有優質的存股核心價值，但也不能漲也買、跌也買、隨時買，想買就買，仍要逢低才能進場。詳細內容可以翻回第二章再看一下，此處仍是簡單彙整。首先，不是用原始價格，而要用還原價格。判斷股價的趨勢時，你必須看的是還原權值圖，才不會誤判趨勢。其次，不是 K 值已經落在 25 以下就衝進去，要等到 K 值往上穿過 D 值的黃金交叉，亦即有跡象止跌了再買。如果資金相對充裕，請用還原周線 K 值低檔黃金交叉逢低買進；如果資金相對有限，請用還原月線 K 值低檔黃金交叉進場布局（如圖 3-1-20、3-1-21）。

何時該毅然離開？

　　ETF 真的不會變壁紙。我們已經用了極嚴謹甚至超嚴苛的原則來篩選優質 ETF 標的，也合理地期待未來能如願以償。透

圖 3-1-20 0056 元大高股息 ETF 還原周線低檔黃金交叉

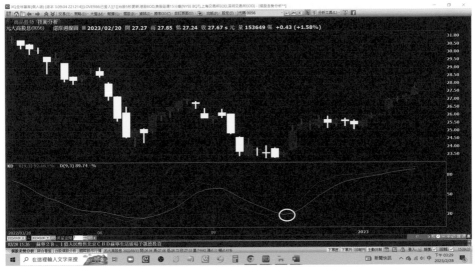

資料來源：XQ 全球贏家，超馬芭樂製作

圖 3-1-21 0056 元大高股息 ETF 還原月線低檔黃金交叉

資料來源：XQ 全球贏家，超馬芭樂製作

過現金股利創造穩定的被動收入，只要標的的存股核心價值沒有減損，我們不但能繼續持有，更會逢低買進。但是，如果、假設、萬一存股核心價值減損了，還要視而不見地抱好抱牢嗎？必須再次強調，萬一遇到 ETF 存股標的的存股核心價值減損、股利數字不符期待，就要毅然離開。

利用 ETF 打造另類形態的包租公包租婆

　　一開始我就很明確地指出，ETF 雖然有風險分散的特點，但在分散標的以分散風險的同時，也會稀釋利潤。因此在提供穩定被動收入的核心價值比較上，就算我們已經用了最恰當的方式，挑出最有能力提供穩定被動收入的 ETF，無論是跟現金股利型還是股票股利型的優質存股標的相比，優質 ETF 的年殖利率仍略有不及，這一點相信你已經很清楚。不過，倒也不必因此失望，因為台灣的 ETF 具有另外一項特色，是存股的股票沒有的，就是我們可以透過 ETF 的搭配，成為另類形態的包租公包租婆。

　　首先，我們從一般的房地產包租公包租婆說起。對你而言，如果為了每個月想淨收 2 萬 5 千元的房租，你需要多少資金購買房產？請注意不是收到，而是淨收 2 萬 5 千元。也就是如果你只準備首付兩、三成，跟銀行貸款七、八成，事實上每月就

算收到 2 萬 5 千元的房租，還是要還給銀行兩萬多的房貸，眞正的淨收入並非 2 萬 5 千元。因此我們要討論的是不跟銀行貸款付房，亦即全款支付買一間房子，大概需要多少資金才有機會收到每月 2 萬 5 千元的房租？

　　一定有人可以既專業又有經驗地回答這個問題，不過我用下表 Global Property Guide 於 2022 年提供的「全球房價租金比排行榜」來試算一下（如圖 3-1-22）。根據資料顯示，台北的房價租金比（PRR）為 49 倍，意思就是在台北，如果房租是每

圖 3-1-22 全球房價租金排行榜

全球房價租金比排行榜 前10名					
排名	國家/城市	購買價格 每平方英尺 M.	房價租金比倍數	每月租金 (美元或歐元)	總租金 收益率
1	土耳其伊斯 坦布爾	$ 5,680	52	€887	1.93%
2	台灣台北	$ 10,373	49	$ 2,142	2.06%
3	中國上海	$ 11,829	48	$ 2,479	2.10%
4	奧地利維也 納	$ 11,915	44	€1,894	2.25%
5	印度孟買	$ 10,932	43	$ 2,537	2.32%
6	香港香港島	$ 28,570	43	$ 7,267	2.35%
7	阿根廷宜 諾斯艾利斯	$ 3,660	41	$ 896	2.45%
8	日本東京	$ 16,322	38	$ 4,346	2.66%
9	以色列特拉 維夫	$ 17,149	37	$ 4,591	2.68%
10	英國倫敦	$ 26,262	36	€5,846	2.76%
				資料來源：globalpropertyguide	

資料來源：Global Property Guide，超馬芭樂製作

月 1 元，一年的房租便是 12 元，那對應的房價就會是 588 元（12 x 49）。因此，如果我們想收到每月 2 萬 5 千元的房租，對應的房價就是 1,470 萬元（25,000 x 12 x 49）。而這個數字應該算客觀的數據，亦即我們得準備約 1,500 萬元買房，就可以在台北當每月收取 2 萬 5 千元房租的帥氣包租公或美麗包租婆。如果透過剛剛說的 ETF 呢？不但有兩種方式可以做到，而且需要準備的資金只要不到 1500 萬的四成，550 萬元就好。

第一招是就是剛剛提到購買一檔優質的「年配型 ETF」，此處我用自己持有的 0056 元大高股息 ETF 為例。如圖 3-1-23，0056 元大高股息 ETF 最近五年的現金殖利率大約是 5.56% ～

圖 3-1-23 0056 元大高股息 ETF 近五年股利政策

資料來源：奇摩股市，超馬芭樂製作

8.13%，不過這是奇摩股市把除息前一日的收盤價當成分母算出來的數字，難免高估。穩健踏實的我以假設最壞的可能，追求最高的穩定方式，評估 0056 元大高股息 ETF 的現金殖利率至少 5.5% 來計算。

　　你只要準備 550 萬元的資金買進 0056 元大高股息 ETF，不用買在最低價，也無須買在低檔價，就算買在不好的價位，最保守穩健的現金殖利率也有 5.5%（如圖 3-1-24）。

圖 3-1-24 0056 元大高股息 ETF 近五年的年殖利率與平均值

0056	現金股利合計（元）	除息前最高價	除權息前最高價的殖利率
2017/10/30			
2018/10/23	1.45	27.84	5.2%
2019/10/23	1.80	29.06	6.2%
2020/10/28	1.60	31.11	5.1%
2021/10/22	1.80	36.17	5.0%
2022/10/19	2.10	34.35	6.1%
			五年平均 5.5%

資料來源：超馬芭樂製作

　　因此，每年可以領到現金股息 302,500 元（5,500,000 x 5.5%），形同每月領到 25,208 元的另類房租（302,500 ÷ 5.5%）。如果以有土斯有財的概念而論，持有 ETF 似乎不像擁有一棟房子那麼踏

實，不過對我而言，只要準備不到房屋總價四成的資金，買進的也是風險極低的 ETF，就可以獲得形同每月 2 萬 5 千元的房租，真的也是不錯的選項。如果覺得一年收一次而不是每月收一次，感覺上有差的話，看一下第二招。

第二招便是搭配三檔「季配型 ETF」。所謂季配型 ETF，就是現金股利並非一年配發一次，而是按季配發，一年會配發四次現金股利。而台灣目前發行的季配型 ETF 有三種（如圖 3-1-25）：

圖 3-1-25 搭配季配型 ETF 變成月月領現金

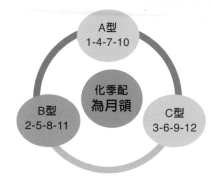

資料來源：超馬芭樂製作

A 型：每年一月、四月、七月、十月配發現金股利。
B 型：每年二月、五月、八月、十一月配發現金股利。
C 型：每年三月、六月、九月、十二月配發現金股利。

也就是說，我們只要從 A、B、C 型的季配型 ETF 中各挑一檔，每一檔都是一年配四次，組合起來就是一年領息十二次，形同每月收取房租。有點意思吧？接下來就來挑 ETF 吧，先評估 A 型 ETF（如圖 3-1-26）。

圖 3-1-26 一、四、七、十月配息之季配型 ETF

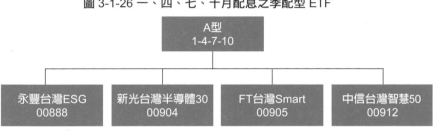

資料來源：超馬芭樂製作

00904 新光台灣半導體三十 ETF 是 2022 年 3 月 7 日才掛牌；00905FT 台灣 Smart ETF 是 2022 年 4 月 21 日才掛牌；00912 中信台灣智慧五十 ETF 是 2022 年 6 月 29 日才掛牌，三者都尚未有過完整一次的一月、四月、七月、十月配息，只有在 2021 年 3 月 23 日便已掛牌的 00888 永豐台灣 ESG 永續優質 ETF 適合。而它的特色是一月跟四月的配息金額較低，七月跟十月的配息金額明顯較高，這一點稍後會再說明（如圖 3-1-27）。

圖 3-1-27 00888 永豐台灣 ESG 永續優質 ETF 近期配息紀錄

永豐台灣ESG永續優質ETF(00888)歷史配息

所屬年度	除息日	除息前股價	當季／年		近四季	
			現金股利(元)	現金殖利率(%)	現金股利(元)	現金殖利率(%)
111年第4季	2023/01/30	13.12	0.21	1.60	0.62	4.73
111年第3季	2022/10/19	11.62	0.21	1.81	0.45	3.87
111年第2季	2022/07/18	12.8	0.17	1.33	0.67	5.23
111年第1季	2022/04/20	14.71	0.03	0.20	0.50	3.40
110年第4季	2022/01/18	16.55	0.04	0.24	0.47	2.84
110年第3季	2021/10/19	15.9	0.43	2.70	0.43	2.70

資料來源：台灣證交所，超馬芭樂製作

　　接著評估 B 型 ETF（如圖 3-1-28）。00891 中信關鍵半導體 ETF 是 2021 年 5 月 28 日掛牌，照理說已經有過完整一次的二月、五月、八月、十一月配息，不過很可惜五月沒配息，這一點就難免有意見了。若你是靠收租維生，能否接受某個月不收房租？不是慢一點收到，而是完全沒收到房租。金融圈出身的我當然知道公司一定會有合理的說明，不過還是不行，所以雖然是好朋友，也必須請 00891 中信關鍵半導體 ETF 到旁邊休息一下（如圖 3-1-29）。

　　00894 中信特選小資高價三十 ETF 是 2021 年 8 月 13 日掛牌，迄今也已經有過完整一次的二月、五月、八月、十一月配

息，不過同樣可惜的五月也沒配息，只好請 00894 中信特選小資高價三十 ETF 也退場。00900 富邦特選高股息三十 ETF 是 2021 年 12 月 22 日掛牌，目前尚未有過完整一次的二月、五月、

圖 3-1-28 二、五、八、十一月配息之季配型 ETF

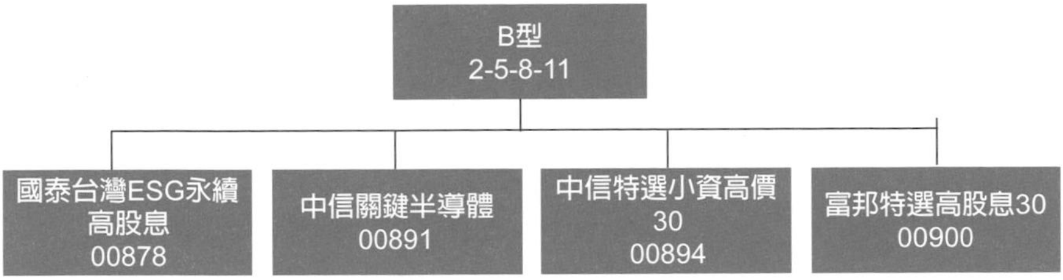

```
                    ┌──────────────┐
                    │    B型       │
                    │  2-5-8-11    │
                    └──────────────┘
    ┌────────────┬──────────┴──────────┬────────────┐
┌──────────┐ ┌──────────┐ ┌──────────────┐ ┌──────────────┐
│國泰台灣ESG永續│ │中信關鍵半導體│ │中信特選小資高價│ │富邦特選高股息30│
│  高股息   │ │  00891   │ │      30      │ │    00900     │
│  00878   │ │          │ │    00894     │ │              │
└──────────┘ └──────────┘ └──────────────┘ └──────────────┘
```

資料來源：超馬芭樂製作

圖 3-1-29 00891 中信關鍵半導體 ETF 近期配息紀錄

中信關鍵半導體ETF(00891)歷史配息

所屬年度	除息日	除息前股價	當季／年		近四季	
			現金股利(元)	現金殖利率(%)	現金股利(元)	現金殖利率(%)
111年第4季	2023/02/16	12.96	0.11	0.85	0.76	5.86
111年第3季	2022/11/16	11.86	0.10	0.84	0.95	8.01
111年第2季	2022/08/16	12.33	0.26	2.11	1.10	8.92
110年第4季	2022/02/22	16.41	0.29	1.77	0.84	5.12
110年第3季	2021/11/16	16.97	0.30	1.77	0.55	3.24
110年第2季	2021/08/17	15.52	0.25	1.61	0.25	1.61

資料來源：台灣證交所，超馬芭樂製作

八月、十一月配息。因此我挑的是在 2020 年 7 月 10 日便已掛牌的 00878 國泰台灣 ESG 永續高股息 ETF，它的特色是每次配息金額大致相同，不會有哪個月高一點或低一些（如圖 3-1-30）。

圖 3-1-30 00878 國泰台灣 ESG 永續高股息 ETF 近期配息紀錄

國泰台灣ESG永續高股息基金(00878)歷史配息

所屬年度	除息日	除息前股價	當季 / 年		近四季	
			現金股利(元)	現金殖利率(%)	現金股利(元)	現金殖利率(%)
111年第4季	2023/2/16	17.24	0.27	1.57	1.15	6.67
111年第3季	2022/11/16	16.77	0.28	1.67	1.18	7.04
111年第2季	2022/08/16	16.77	0.28	1.67	1.18	7.04
111年第1季	2022/05/18	16.77	0.32	1.91	1.20	7.16
110年第4季	2022/02/22	16.77	0.30	1.79	1.13	6.74

資料來源：台灣證交所，超馬芭樂製作

最後評估 C 型 ETF（如圖 3-1-31）。00896 中信綠能及電動車 ETF 是 2021 年 9 月 16 日掛牌；00915 凱續優選高股息三十 ETF 是 2022 年 8 月 9 日掛牌；00918 大華銀台灣優選股利高填息三十 ETF 是 2022 年 11 月 24 日掛牌；00919 群益台灣

精選高息 ETF 是 2022 年 10 月 20 日掛牌，上述四檔 ETF 都尚未有過完整一次的三月、六月、九月、十二月配息。早在 2017 年 9 月 19 日便已掛牌的 00713 元大台灣高息低波 ETF，本來是年配型，但在 2022 年正式調整為季配型基金，雖然也尚未有過完整一次的三月、六月、九月、十二月配息，不過有鑑於過去 2018 年到 2021 年這四年的穩定配息紀錄，所以合理預期能完成表定的四次配息，因此挑選 00713 元大台灣高息低波 ETF。它的特色是三月跟六月的配息金額較低，九月跟十二月的配息金額較高。

圖 3-1-31 三、六、九、十二月配息之季配型 ETF

資料來源：超馬芭樂製作

我們已經從 A、B、C 型 ETF 中挑選了 00888 永豐台灣 ESG 永續優質 ETF、00878 國泰永續 ESG 高股息 ETF、00713 元大台灣高息低波 ETF，就把 550 萬元資金平均分配到這三檔，每檔投資 183 萬元。請放心，我當然不會假設這三檔季配

型 ETF 是買在最低價，而是秉持一貫的原則：假設最壞的可能
而買在最高價。

　　00888 永豐台灣 ESG 永續優質 ETF：投入 183 萬元，最高
點每張約 16 元時買進 114 張（如圖 3-1-32）。

圖 3-1-32 布局 00888 永豐台灣 ESG 永續優質 ETF

資料來源：超馬芭樂製作

　　一月配息每股 0.039 元，等於領息 4,446 元（114 x 0.039 x
1,000）。

　　四月配息每股 0.031 元，等於領息 3,534 元（114 x 0.031 x
1,000）。

七月配息每股 0.168 元，等於領息 19,152 元（114 x 0.168 x 1,000）。

十月配息每股 0.208 元，等於領息 23,712 元（114 x 0.208 x 1,000）。

00878 國泰永續 ESG 高股息 ETF：投入 183 萬元，最高點每張約 19 元時買進 99 張（如圖 3-1-33）。

圖 3-1-33 布局 00878 國泰永續 ESG 高股息 ETF

國泰永續高股息
00878

資金183萬
買在高價@19元
買進99張

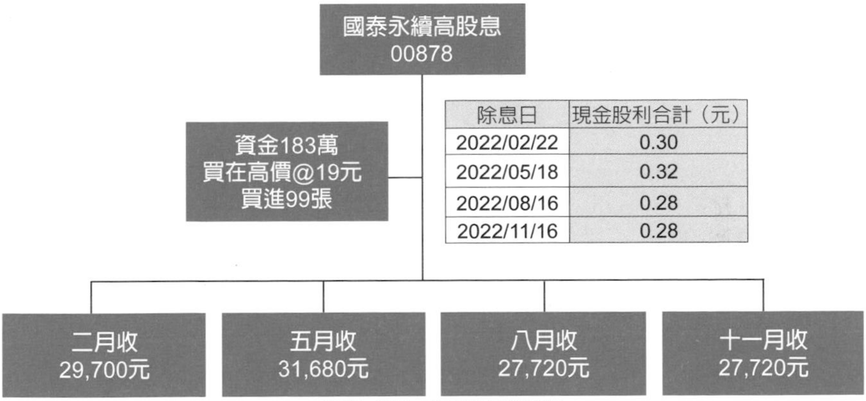

除息日	現金股利合計（元）
2022/02/22	0.30
2022/05/18	0.32
2022/08/16	0.28
2022/11/16	0.28

二月收	五月收	八月收	十一月收
29,700元	31,680元	27,720元	27,720元

資料來源：超馬芭樂製作

二月配息每股 0.30 元，等於領息 29,700 元（99 x 0.30 x 1,000）。

五月配息每股 0.32 元，等於領息 31,680 元（99 x 0.32 x 1,000）。

八月配息每股 0.28 元，等於領息 27,720 元（99 x 0.28 x 1,000）。

十一月配息每股 0.28 元，等於領息 27,720 元（99 x 0.28 x 1,000）。

00713 元大台灣高息低波 ETF：投入 183 萬元，最高點每張約 44 元時買進 42 張（如圖 3-1-34）。

圖 3-1-34 布局 00713 元大台灣高息低波 ETF

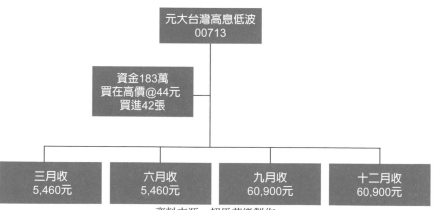

資料來源：超馬芭樂製作

三月配息每股 0.13 元，等於領息 5,460 元（42x 0.13 x 1,000）。

六月配息每股 0.13 元，等於領息 5,460 元（42 x 0.13 x 1000）。

九月配息每股 1.45 元，等於領息 60,900 元（42 x 1.45 x 1,000）。

十二月配息每股 1.45 元，等於領息 60,900 元（42 x 1.45 x 1,000）。

圖 3-1-35 三檔季配息 ETF 之配息金額

一月收 4,446 元	七月收 19,152 元	
二月收 29,700 元	八月收 27,720 元	總計年收租 300,384 元
三月收 5,460 元	九月收 60,900 元	平均月收租 25,032 元
四月收 3,534 元	十月收 23,712 元	
五月收 31,680 元	十一月收 27,720 元	
六月收 5,460 元	十二月收 60,900 元	

資料來源：超馬芭樂製作

總資金 550 萬元，買進三檔季配型 ETF，每檔投資 183 萬元，12 個月的配息彙整如圖 3-1-35。

透過 00888 永豐台灣 ESG 永續優質 ETF、00878 國泰永續

ESG 高股息 ETF、00713 元大台灣高息低波 ETF 這三檔季配型基金，我們就可以打造出類似包租公包租婆的每月收租模式。儘管不像真的收房租那樣每月都是固定金額，不過只需要不到 1,500 萬四成的 550 萬元就能有此成效，我依然非常欣慰。當然，若能根據書中分享的低檔進場方式布局，同樣的每檔 183 萬元，買進的張數自然會增加，每月類房租的金額也會提高。

3-2

嘆為觀「指」之波段操作 ETF

前面討論了 ETF 的存股投資，包括存股核心價值的評估與遴選、優質存股標的進場布局時機掌握與部位的控制，以及存股過程中應該要見好就收或急流勇退的狀況。你也已經知道存股的目的，是希望能打造提供穩定現金流的財富自由方式，至於低買高賣、低進高出的資本利得價差效果，則是本章節要討論的波段操作。同樣地，本書要討論的不是時間偏短的當沖、隔日沖、短線交易，也不是王寶釧苦守寒窯十八年的長期操作，我最喜歡、也最建議你執行的操作方式，不是極短線進出，也不是超長期持有，而是波段操作。截至本書截稿時，市場上可以波段操作的安全 ETF 名單如圖 3-2-1。（富邦上証正 2、元大寶滬深之類的倍數槓桿型 ETF 或非針對台股之 ETF，需要更多的功夫與評估，暫時不建議觸碰。）

圖 3-2-1 適合波段操作之 ETF

股號	股票名稱	是否配息	上市日期	股號	股票名稱	是否配息	上市日期
0050	元大台灣 50	半年配	2003/06/30	00895	富邦未來車	不配息	2021/08/12
0051	元大中型 100	年配	2006/08/31	00896	中信綠能及電動車	季配	2021/09/16
0052	富邦科技	年配	2006/09/12	00897	富邦基因免疫生技	不配息	2021/10/04
0053	元大電子	年配	2007/07/16	00898	國泰基因免疫革命	不配息	2021/11/22
0055	元大 MSCI 金融	年配	2007/07/16	00899	FT 潔淨能源	不配息	2022/01/21
0056	元大高股息	年配	2007/12/26	00900	富邦特選高股息 30	季配	2021/12/22
0057	富邦摩台	年配	2008/02/27	00901	永豐智能車供應鏈	年配	2021/12/15
006201	元大富櫃 50	年配	2011/01/27	00902	中信電池及儲能	不配息	2022/01/25
006203	元大 MSCI 台灣	半年配	2011/05/12	00903	富邦元宇宙	季配	2022/01/24
006204	永豐臺灣加權	年配	2011/09/28	00904	新光臺灣半導體 30	季配	2022/03/07
006208	富邦台 50	半年配	2012/07/17	00905	FT 臺灣 SMART	季配	2022/04/21
00690	兆豐藍籌 30	年配	2017/03/31	00906	大華元宇宙科技 50	不配息	2022/05/17
00692	富邦公司治理	半年配	2017/05/17	00907	永豐優息存股	雙月配	2022/05/24
00701	國泰股利精選 30	半年配	2017/08/17	00909	國泰數位支付服務	年配	2022/07/13
00728	第一金工業 30	年配	2018/04/18	00910	第一金太空衛星	不配息	2022/07/20
00730	富邦臺灣優質高息	年配	2018/02/08	00911	兆豐洲際半導體	不配息	2022/06/27
00731	FH 富時高息低波	年配	2018/04/20	00912	中信臺灣智慧 50	季配	2022/06/29
00733	富邦臺灣中小	半年配	2018/05/17	00913	兆豐台灣晶圓製造	半年配	2022/08/08
00878	國泰永續高股息	季配	2020/07/20	00915	凱基優選高股息 30	季配	2022/08/09
00881	國泰台灣 5G+	半年配	2020/12/10	00917	中信特選金融	年配	2022/08/26
00888	永豐台灣 ESG	季配	2021/03/31	00918	大華優利高填息 30	季配	2022/11/24
00891	中信關鍵半導體	季配	2021/05/28	00919	群益台灣精選高息	季配	2022/10/20
00892	富邦台灣半導體	半年配	2021/06/10	00920	富邦 ESG 綠色電力	年配	2022/10/20
00893	國泰智能電動車	不配息	2021/07/01	00921	兆豐龍頭等權重	季配	2023/01/13
00894	中信小資高價 30	季配	2021/08/13				

資料來源：超馬芭樂製作

何時該進場布局？

跟之前所提 ETF 存股的進場方式一樣，股價拉回之低檔買進。即使你很清楚 ETF 非常安全，精挑細選的存股標的也具有優質的存股核心價值，但不能漲也買、跌也買、隨時買，想買就買，仍是要逢低才能進場。這邊仍是簡單彙整。首先，不是用原始價格，而要用還原價格。判斷股價趨勢時，你要看的必須是還原權值圖，這樣才不會誤判趨勢。其次，不是 K 值已經落在 25 以下就衝進去，要等到 K 值往上穿過 D 值的黃金交叉，有跡象止跌了再買。如果資金相對充裕，請用還原周線 K 值低檔黃金交叉逢低買進；如果資金相對有限，請用還原月線 K 值低檔黃金交叉進場布局（如圖 3-2-2、3-2-3）。

圖 3-2-2 0056 元大高股息 ETF 還原周線低檔黃金交叉

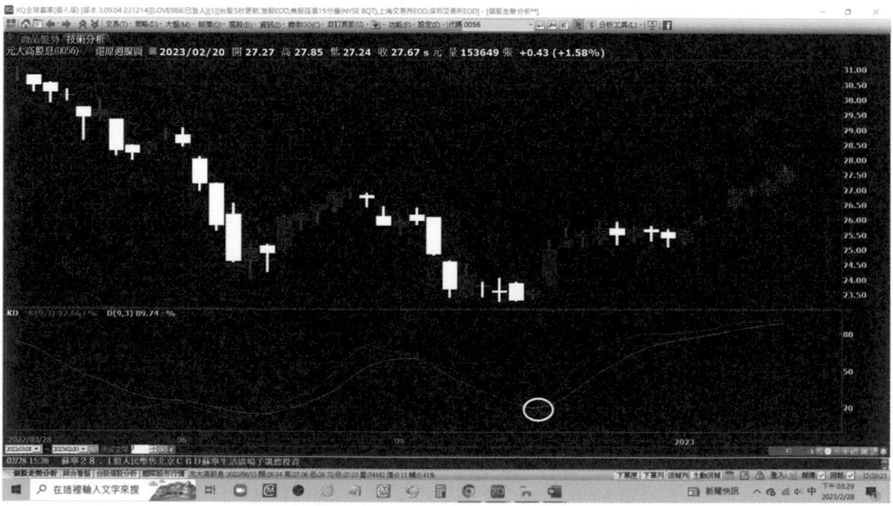

資料來源：XQ 全球贏家，超馬芭樂製作

圖 3-2-3 0056 元大高股息 ETF 還原月線低檔黃金交叉

資料來源：XQ 全球贏家，超馬芭樂製作

何時該毅然離開？

　　跟買進的原則相反，亦即股價漲多之高檔賣出。首先，當然還是要看還原權值圖才不會誤判趨勢。其次，當 K 值不只已經超過 75，而且出現 K 值往下穿過 D 值的死亡交叉，有跡象止跌了再賣。請注意，如果你買進時用的是還原周線，出場就同樣得用還原周線；反之，若一開始就是用還原月線進場布局，出場也同樣要看還原月線（如圖 3-2-4、3-2-5）。

圖 3-2-4 0056 元大高股息 ETF 還原周線高檔死亡交叉

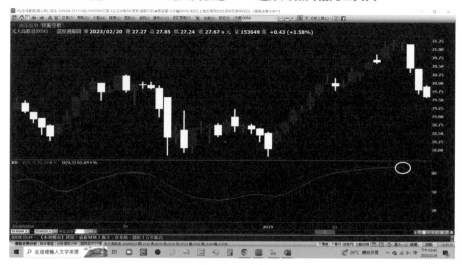

資料來源：XQ 全球贏家，超馬芭樂製作

圖 3-2-5 00730 富邦臺灣優質高息 ETF 還原月線高檔死亡交叉

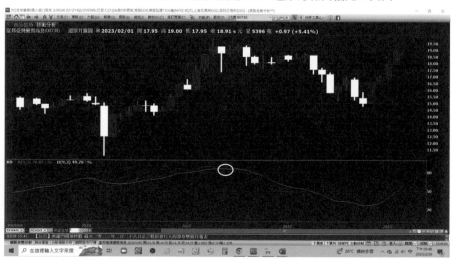

資料來源：XQ 全球贏家，超馬芭樂製作

如果要幫親朋好友、公司同事的 ETF 解套脫困，除了跟他們分享之前章節提到的解套之道，別忘了提醒對方：解套價出現，脫困點到了，別忘了自己原本的期待為何，請不忘初衷地順勢離開下車。

✦ 超馬芭樂之一「字」千金

　　還記得我考大學時是民國 78 年，出身普通、天賦普通、資質普通，學習能力更是普通的我，當時的考試分數是 378 分多一點點，經過學校教務處跟兩家補習班分數加權計算與專業落點評估，最有希望進入的學校與科系是國立成功大學中文系與私立東海大學國貿系。我當下最屬意、最有興趣、也最想去的，其實是成大中文系。

　　一來是我從小對詩詞歌賦、正史野史、傳記文學、南腔北曲有濃厚的興趣，無論是李白〈將進酒〉的君不見黃河之水天上來，還是徐志摩〈再別康橋〉的我揮一揮衣袖，不帶走一片雲彩；也無論是《三國演義》劉備關羽張飛之桃園三結義，還是《天龍八部》喬峰段譽虛竹陣前齊抗敵，無不欣然神往、心嚮往之。二來是自小家境清寒，老爸雖然是隨國軍自大陸來台的退伍老兵，但因服役時失言最終只是個沒辦法領 18% 的老兵，因此，如果可以讀國立大學幫家裡省點學費也理所當然。不過，最終我還是聽取老爹的建議，一腳踏進了貿易經濟金融

財務的專業領域。不過對於中文的喜愛，自始至終不曾放下，迄今依然樂此不疲。

收到公視《一字千金》製作單位的來電邀約時，我第一個反應是喜上眉梢、欣喜若狂。因為《一字千金》本來就是喜歡中文的我最愛收看的節目之一，能有機會受邀參加，備感光榮。不過緊接著第二個反應，便是愁上心頭、擔憂之至，有興趣是有興趣，但一想到要跟來自不同領域的眾家高手正面對決，中文造詣既無投機取巧的可能，更無碰碰運氣的機會，萬一節目才開始沒多久就被淘汰，面子上掛不住還算事小，該怎麼對寶貝女兒交代？這才是讓我最傷腦筋的事。

《一字千金》錄影比賽的前半年，當時讀四年級的寶貝女兒，被國文老師指派參加學校舉辦的國語文字音字形字義比賽。當時看到女兒從學校帶回來的參考講義跟歷屆題庫，與其說吃驚，更該說瞠目結舌：「不是吧？這是在跟我開玩笑嗎？不是才小學中年級，國語文競賽的激烈程度與題目深度，就已經到這般匪夷所思的境界了?!『囫圇』吞棗、『鉤』章『棘』句、『佶』屈『聱』牙、『被』髮左『衽』這些字詞，竟然都只是入門基礎題?!」

說日日鑽研就誇張了，但我平日興趣就是閱讀看書，本來

認為以我的濃厚興趣跟投入程度，教會女兒應是易如反掌。但看到那些參考講義跟歷屆題庫，我大受刺激，頓時收起低估鬆懈之心，秉持著戒慎惶恐的態度，一面再強化自己的國語文造詣、一面有系統且耐心地教著女兒。當下我還跟女兒說：「小妞，看吧，把拔還不賴吧，就是因為把拔平時有準備，不是臨時抱佛腳，所以才能幫妳，讓妳清楚明白這些詩文字詞的意義與用法，這就是認真學習的態度喔。」之後，當女兒拿著第二名獎狀，一回到家雀躍地撲向我時，我不是因為女兒得了名才開心，而是能有機會身教女兒而備感欣慰。只不過，當換成自己要去比賽，多少還是會擔心緊張，萬一只是自我感覺良好，跟高手一比就露餡敗陣，寶貝女兒還是愛我，不過……

　　比賽日期是 8 月 28 日下午兩點，說來也妙，剛好是我要去參加早就報名的真武山超級馬拉松賽的日子。各位沒看錯，比賽就是辦在時值盛夏的八月底，不僅陽光普照，根本火傘高張，哪來微風徐徐，只有大汗涔涔。凌晨三點就要起床，四點必須出門，五點開始起跑，縱情奔馳，不對，應該是漫步龜速於蜿蜒山路中。我很想趕快完賽爭取休息時間，但起伏山路讓人心有餘而力不足。儘管過程頗為艱苦，但還是順利完賽。因時間緊迫，拿到完賽獎牌後不但不能休息，連吃超馬協會準備的餐盒的時間都沒有，領回包包便急著返家盥洗換裝，再火速

趕往電視台準備應戰。說真的，還好平常有認真訓練，不然在那種天氣、那種氣溫、那種山路跑那麼久，拖著疲憊不堪的身體參加動腦競賽，一面錄影一面打呵欠應該不意外。

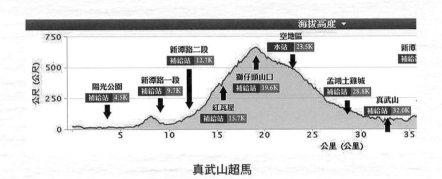

真武山超馬

除了我之外，當天另有七位來自不同領域的高手參賽，其中包括準博士、博士、雙博士、律師、教人如何考上律師的講師、經理、總經理、老闆等。助理看著眼前這些穿著光鮮亮麗，眉目之間更是散發智慧光芒的競爭對手，再轉頭看我的樸素打扮，便說：「芭樂大，坦白講，你看起來很像砲灰耶。」在備戰區等待時，參賽眾人要麼相互討論、交換心得，要麼查看手機翻看資料，唯獨我自己一人坐在邊邊角角的位置看報紙。助理看著這個畫面，又忍不住對我說：「芭樂大，說真的，你看

起來真的很像來陪賽的耶。」但我對自己還是很有信心!

　　節目宣布錄影,比賽正式開始,整場共有四組題型,前兩組題型答完後,製作單位便會根據累積分數高低開始淘汰選手。剛開始還有一點小緊張,不過或許是對自己還算有信心,雖然沒有題題答對,但我是現場唯一一個能輕鬆跟主持人嘻笑鬥嘴的選手。再經過第三題型的競賽,全數答對的我順利進入決賽。到了最終決戰的一對一 PK,第四題型共有三道題目,且一題比一題難,真的是吃中文底子跟國文造詣的題目。我可不是運氣好,而是歸功於平時有興趣、底子不差,在只寫錯兩個字的情況下,我拿到了冠軍!

　　老爸,你兒子我的國文程度,沒讓你漏氣,是吧?

　　女兒,妳把拔我的中文造詣,確實很不錯,真的!

超馬芭樂力敗群雄，勇奪冠軍

第 4 章

面對現實，徜徉基金

隨「基」應變之
單筆投資股票型基金

　　基金，又稱「共同基金」。由於許多人平常都在努力工作，沒有太多時間研究投資，但是又想為自己的錢做些規畫，因此基金公司（投信）向大眾募集資金，交給專業經理團隊經手操盤，再將這筆資金投入到符合規範、且有成長潛力的各種標的。透過主動調整投資組合，追尋更高的超額報酬，不僅方便快速，還能用低門檻的金額參與精心調控的投資組合。舉例來說，原先可能要近千萬新台幣才能買下數十檔績優企業的股票，若透過基金投資，最低只需 3,000 元就可達到同樣分散投資的效果，共同享有投資成效。

　　雖然按照不同的方式，可以將基金區分為數種甚至十數種形式，不過概分為兩種即可。即是股票型基金與債券型基金。

股票型基金是一般投資基金者最主要的基金品種，以股票作為投資對象，將大眾投資者的小額資金集中起來，投資於不同的股票組合。至於債券型基金，顧名思義，便是將基金投入政府債、公司債、高收益債等，相較於股票型基金，債券型基金的波動性比較低，較適合偏好低風險，或是資產配置中缺乏低風險資產的人（如圖 4-1-1、4-1-2）。

圖 4-1-1 股票型與債券型基金的差異 (1)

基金類型	特色
股票型基金	1. 股票為主要標的。 2. 較投資單一股票風險低。
債券型基金	1. 債券為主要標的。 2. 投資組合可能包含政府公債及公司債，通常前者信用較佳，報酬率較低，公司債則依信用評等而有不同報酬率。

資料來源：超馬芭樂製作

基金的投資方式也概分為兩種：單筆投資與定期定額。

單筆投資就是一次拿出一筆錢來買基金，通常一次要台幣一萬元起跳。（外幣就是用其它國家的錢如美元、歐元，人民幣來扣款，各家規定不同。）單筆買基金就跟買股票一樣，買進的價位就是你的成本，買的價格低，等到以後高點時賣出就會獲利。單筆投

圖 4-1-2 股票型與債券型基金的差異 (2)

	分類	風險	說明
股票型基金	一般股票	中	就是買股票，越積極風險越高。
	中小型股	高	中小型股風險較高，但在多頭年通常領先大盤很多。
	特定產業	不定	買進特定產業的股票，例如能源、原物料、生技、科技。
債券型基金	政府債、地方政府債	低	各國發行的國債或地方政府債，很難倒債，但報酬通常也不高。
	投資等級債	低	簡單來說就是買營運良好大企業的公司債。
	高收益債	中	也稱垃圾債，就是非投資等級的債券。
	新興市場主權債	中	風險比較高的國家發行的國債，危險性高一點。
	新興市場高收益債	高	風險很高，報酬通常也很高，有的甚至會到 8%、10% 以上。

資料來源：超馬芭樂製作

資的好處是資金較具機動性，可以配合市場變化調整，若能在市場低檔介入、在高點獲利了結，投資報酬率就容易顯現。不過如果不幸在高點介入，短期內的損失也會相當明顯。

定期定額則像是「分期付款」買東西，設定每個月固定日期、扣款一定的金額買基金，何時扣款、扣多少錢，都由投資

人自行決定，不必在乎進場時點，也不必在意市場價格起伏，時間到了就固定投資。因為是每個月扣款買基金，每次買進的價位都不同，所以成本平均，只要長線前景佳，市場短期下跌反而會累積更多便宜的單位數，等到市場反彈，長期累積的單位數就可以一次獲利（如圖 4-1-3）。接下來，介紹如何單筆投資股票型基金。

圖 4-1-3 定期定額與單筆投資的差異

投資方式 比較項目	定期定額	單筆投資
投入金額	平均投入金額較低	平均投入金額較高
進出時機	較不須關注進出時點	須謹慎挑選進場時機
投資時間	長期投資	可長可短
風險	平均成本可分散風險	跟隨市場波動須動態調整
適合的理財目標	長期目標	中短期目標
適合對象	一般小資上班族	投資老手

資料來源：超馬芭樂製作

單筆投資股票型基金

告訴你如何單筆投資某個市場的股票型基金之前,先請看以下四份專業報告,假設只能挑一個,你會選哪一個市場?注意,是相對較大金額的單筆投資,而非定期定額。

印度:近期通膨降溫,市場需求升溫等因素,國際貨幣基金一月小幅調升,今年全球經濟成長預測至 2.9%,其中值得關注的是印度成長率仍維持主要經濟體的首位,去年成長率達 6.8%,今年預估仍有 6.1%,成長動能依舊獨占鰲頭。印度公布最新財年預算案,主要政策方向包含逐步整合財政預算與政府赤字,提升政府支出與資本支出引導的經濟成長內容,著重使用性提升,推動各項建設的實體與數位基礎建設。另一方面,印度政府財政預算著眼於 2024 年 10% 的 GDP 成長目標,資本支出於基礎建設隨著基數增大;此外對私人投資持續扶持,維持製造業資本支出低稅收 15%,預期在資本支出扶持及各政策方向驅動下,促使消費維持強勁,2024 年的消費成長可達約 6.2%,更勝於 2023 年的 6.0%。此外具備人口紅利、政策改革轉型、經濟擴張與企業雙位數成長等利多題材加持,印度市場非常值得投資。

日本：根據國際貨幣基金統計，日本的 GDP 在全球國家排名第三，並且預估將在 2026 年突破 6 兆美元。較大的經濟體代表這個國家具有相對穩健的基本面，當大環境處於穩定的成長時期時，這些國家可以溫和的成長不至於過度暴衝而引發惡性通膨；而當經濟發生衰退危機時，這些國家良好的基本面也可以成為帶動經濟復甦的火車頭，幫助該國家快速的從谷底復甦。再看看衡量一個國家發展潛力的研發經費，日本的機器人工業舉世聞名，具有強大的獨占競爭力，起因於許多相關企業的供應鏈都是該企業獨占的，這也代表這些企業有十分強健的護城河，可以抵禦其他類似企業的步步逼近。更重要的一點是，這些企業的強大之處並非依賴未來終究會到期的專利權，或者僅受惠於消費者行為的購買週期，而是依靠企業深根的文化以及素質優良世代傳承的員工，因此才有辦法持續進步且維持領先地位。此外，根據世界經濟論壇發布的最新全球競爭力報告，日本整體的基礎建設評分排名全球第五，而在細項類別的表現，像是公共交通效率、電網覆蓋率、機場聯繫網路等項目，分別名列第一、第二、第三名的佳績，這代表日本的基礎建設設施十分的完善，也奠定了日本長期穩定發展的基礎。目前日股的每股盈餘獲利穩定且基期偏低，日股相對全球股市高度折價，但卻能提供類似美國市場中科技及成長的元素，非常具有投資

機會。

中國：中國防疫政策急轉彎，由「清零」瞬間轉為「全面解封」。中國解封帶來利多，將是中國股市出現重大反彈的最大催化劑。在經歷長達三年的封鎖政策後，中國終於在今年一月迎來解封，隨著中國股市的焦點從解封轉向經濟復甦，MSCI中國指數有望持續上漲，而新的上漲驅動力來自企業獲利增加，而不是單純以本益比評價股票。隨著消費和經濟活動的復甦速度快於原先預期，高盛預計2023年第二季和第三季，中國經濟成長率分別可達9%、7%，全年經濟成長率可望達到5.5%，國際評級公司惠譽與國際貨幣基金組織，也都同步調高中國經濟成長率的預估值。目前中國解封後一、二線城市熱門省分的經濟恢復比較好，製造業發達地區的數據恢復較快速，消費能力越強的地區數據恢復彈性越高，中高端消費數據強勁，甚至出現了報復性消費需求。當前中國的消費復甦動能更多源於超額儲蓄，儘管超額儲蓄存在分配不均衡的特質，預計仍會顯著增加居民非必要消費品及服務（特別是旅遊）的支出，並拉動相關服務及就業市場。最終拉動總體消費內需，形成良性循環，因此中國市場非常值得投資。

能源：受到天然氣價格飆漲之後，由於原油生產量仍不足目標水準，加上旅客入境美國的禁令將解除，航空燃料需求上

升，帶動油價持續走高，油價堅挺走勢有機會延續。由於大型產油國 OPEC+ 組成的聯盟不急於加速增產，加上經濟活動逐漸恢復常軌，帶動原油需求回升，且預期北半球寒冬將帶動取暖需求升高，未來一季原油市場供不應求的狀況可望延續。年底之前國際油價仍可望保持相對強勢，且高油價環境有利於改善產油國財政問題，故無增產打壓油價的急迫性。此外，原油期貨的正逆價差隱含了原油市場的供需變化，目前原油市場為逆價差 1.4％左右，顯示油市仍呈現供不應求，國際能源署即預估歐洲與亞洲天然氣缺口提振原油需求，未來六個月原油使用量平均可增加達每日 50 萬桶。整體而言，在未有 OPEC+ 積極提高產量或美國釋放戰略石油儲備等政策面影響下，預期短線油價均將維持高檔，而當多數資產皆已受惠低利率，以及流動性充沛環境帶動評價偏高，具備基本面同時，持續增加發放股利、買回庫藏股等股東友善動作的能源類股，評價水準仍有明顯獲得提升的機會，因此能源型基金極具投資價值。

　　終於看完了，累嗎？很正常，不過別忘記喝口水，你打算單筆投資哪一個市場？我相信四個人會有超過四個答案。就算用這種方式來挑選單筆投資的市場，是不是明天就可以進場呢？既然報告內容都寫得超吸引人，請問單筆投資進場後又該

在何時出場？這些問題當然很重要，但也是過往單筆投資基金的關鍵盲點：一問三不知，不知道為什麼要投資，也不知道何時該買進，更不知道何時該賣掉！

　　基金投資跟股票投資有個地方不一樣。之前我們在討論股票波段操作時（存股投資像是定期定額，波段操作如同單筆投資），市場上也會有不同個股的研究報告。無論是產業前景、生產技術、競爭模式、財務報表，要什麼有什麼，一應俱全。我們的做法是面對現實與名符其實，只要法人有在積極布局且大量持有，即使還不知道法人為什麼願意花巨資去投資該檔個股，但一定表示該檔個股具有足夠吸引人的投資價值，所以我們才會跟進，這就是選股的方式。基金則不同，雖然我可以透過某些得支付高額費用的專業法人資料庫，也能即時查到國際資金正蜂擁而入哪個市場，不過那終究不是一般人可以做到的。分享你做不到的功夫，又有何意義？因此我當然會秉持面對現實的初衷，告訴你單筆投資股票型基金的方法，就是月 KD 低檔黃金交叉時買進，月 KD 高檔死亡交叉時出場。

　　不用花錢買昂貴的法人資料庫，網路上就有很多財經網站免費提供我們需要的所有市場月 KD 動態，就用鉅亨網來示範給你看看。

一、進入鉅亨網，點看【全球】（如圖 4-1-4）。

圖 4-1-4 進入鉅亨網

資料來源：鉅亨網，超馬芭樂製作

　　二、只有你不知道，沒有你找不到的各國、各區域、各產業的市場指數，統統都有，想查詢哪個市場，直接點選它。接下來就看看幾個專家大力推薦，每個都像可以單筆投資的市場，看看它們的月 KD 狀況真的到了低進高出的低進位置了嗎？（如圖 4-1-5）

圖 4-1-5 查看鉅亨網的全球指數

資料來源：鉅亨網，超馬芭樂製作

印度：本書 2023 年 2 月底截稿時，印度市場不但沒有黃金交叉，更不是低進高出的月 KD 低檔，反而是剛剛才出現月 KD 高檔死亡交叉（如圖 4-1-6）。就算上述報告讓我對印度市場有興趣，也想單筆投資，你覺得我該不該當下就進場？當然不應該，再來是日本。

日本：本書 2023 年 2 月底截稿時，日本市場在之前 2022 年 3 月就出現月 KD 低檔黃金交叉，目前雖還不到月 KD 高檔死亡交叉，但也不是最佳的單筆投資進場位置（如圖 4-1-7）。因此就算上述報告讓我對日本市場有興趣，也想單筆投資，你覺得我該不該進場？應該再等等，對吧？再來是中國。

圖 4-1-6 印度指數的月 KD 狀況

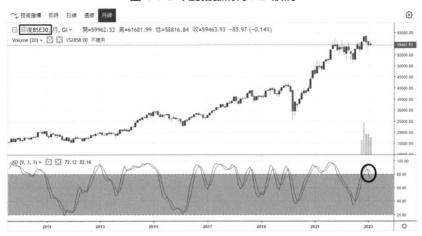

資料來源：鉅亨網，超馬芭樂製作

圖 4-1-7 日本指數的月 KD 狀況

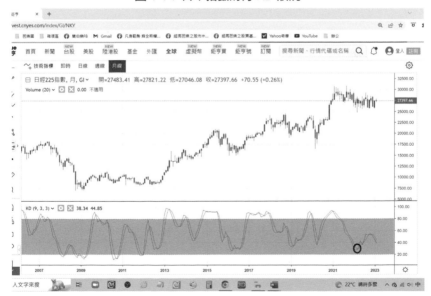

資料來源：鉅亨網，超馬芭樂製作

中國：本書 2023 年 2 月底截稿時，中國市場上證指數是在之前 2022 年 11 月就出現月 KD 低檔黃金交叉，目前已經漲上去了，還不到月 KD 高檔死亡交叉，但也不是最佳的單筆投資進場位置（如圖 4-1-8）。因此就算上述報告讓我對中國市場有興趣，也想單筆投資，該不該當下就進場？下次就知道了。最後看的是能源。

圖 4-1-8 中國上證指數的月 KD 狀況

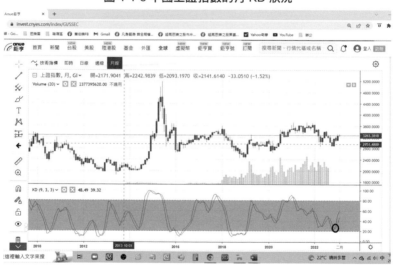

資料來源：鉅亨網，超馬芭樂製作

能源：本書 2023 年 2 月底截稿時，倫敦布蘭特原油走勢剛好出現月 KD 低檔黃金交叉，恰巧出現了單筆投資進場位置（如圖 4-1-9）。因此不需要完全搞懂上述報告，只要我想單筆投資能源型基金，你覺得該不該當下就進場？是啊，你懂了。

圖 4-1-9 布蘭特原油的月 KD 狀況

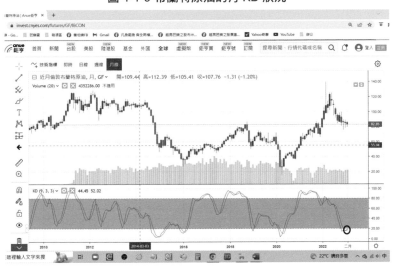

資料來源：鉅亨網，超馬芭樂製作

當然不只以上四個，在免費的鉅亨網全球市場，你可以看到數十個單一國家、不同區域，以及重要產業的市場指數。想看哪個直接點選，這就是面對現實後大道至簡的投資方式。簡

單做總結，當你想單筆投資股票型基金，無論是因爲相關的評估報告引起你的興趣，還是自己花了時間研究，都請記得：**單筆投資追求的是低進高出的獲利方式，而低進的原則是月 KD 低檔黃金交叉**（再複習一下：K 值要先落到 25 以下才叫進入低檔，之後 K 超過 D，K 值大於 D 值便是黃金交叉，另外參數設定要更改爲 9-3-3）；**高出的原則是月 KD 高檔死亡交叉**（也複習一下：K 值要先漲過 75 以上才叫進入高檔，之後 K 跌破 D，K 值小於 D 值便是死亡交叉），至於該買進哪檔基金？先賣個關子。

有「基」可乘之單筆投資債券型基金

依照慣例，告訴你如何單筆投資某種債券型基金之前，先請你看看市場的專業講解。注意，同樣是相對較大金額的單筆投資而非定期定額。

債券是什麼？債券是爲籌集資金而發行的金融商品，發行者會在約定時間支付一定比例的利息，並在到期時償還本金的一種。因此債券其實就是借據的一種。以目前的情況來看，市場上主要會有三個想跟你借錢的單位：政府、一般企業、金融機構。當他們有重大投資案，或需要很多錢的時候，就會向民眾借錢，然後開一張借據給你。債券持有者稱作債權人，發行者爲債務人。與銀行信貸不同的是，債券是一種直接的債務關

係。債券不論何種形式，大都可以在市場上進行買賣，並因此形成了債券市場。

　　債券評等是投資人用來判斷這個債券「安不安全」的一個指標，為了避免「違約風險」，我們靠債券評等來判斷。市場上有幾家專門幫別人評價債券且評價有公信力的公司，像是國外的穆迪 Moody's、Fitch 惠譽、S&P 標準普爾（台灣國內目前唯一一家評等公司是中華信評），以上評等公司會分析各家企業和金融機構，並給予適當的評價與分級。債券分級以英文字母來分評等的等級，字母越前面代表該債券越好，評等 A 最好，再來照順序是 B 、 C ，最差的是 D 。同樣字母出現兩次會比一次好，像是 CC 比 C 好，有些會用正、負號或是數字來區分，數字越多越差（如圖 4-1-10）。

圖 4-1-10 債券型基金的等級區分表

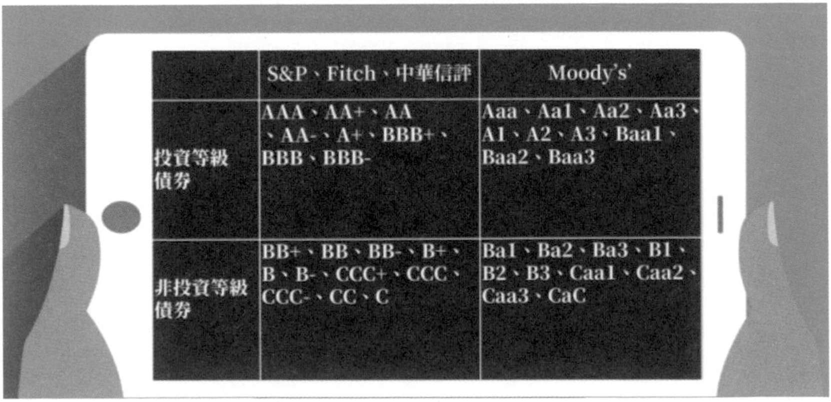

	S&P、Fitch、中華信評	Moody's
投資等級債券	AAA、AA+、AA、AA-、A+、BBB+、BBB、BBB-	Aaa、Aa1、Aa2、Aa3、A1、A2、A3、Baa1、Baa2、Baa3
非投資等級債券	BB+、BB、BB-、B+、B、B-、CCC+、CCC、CCC-、CC、C	Ba1、Ba2、Ba3、B1、B2、B3、Caa1、Caa2、Caa3、CaC

資料來源：CMoney，超馬芭樂製作

影響債券價格的最大關鍵就是利率，債券價格跟市場利率會有蹺蹺板效應，亦即當市場利率上升，債券價格就下跌。市場利率會一直變動，當市場利率超過債券票面利率越多，債券價格會下跌，而存續期越長（存續期間就是把每年收到的利息換算成現值，加起來看需要幾年回本的數學微分概念），債券價格受殖利率影響越大。債券的存續期間越短，利率變動就對債券價格越沒有影響，反之存續期間越長的債券，表示回本的時間需要越久，價格受債券殖利率的影響就越大，利率只要上升 1%，債券價格就會下跌非常多。例如以一個存續期間 5.25 年的債券來說，利率若上升 1%，債券價格就會下跌 5.25；反之如果利率下滑 1%，債券價格便將上升 5.25%（如圖 4-1-11）。

圖 4-1-11 債券價格與殖利率關係

本金：債券價格和殖利率的關係

價格和殖利率存在反向關係

若殖利率上揚，則價格下跌。
如果此時立刻賣出債券，你將遭受資本損失。

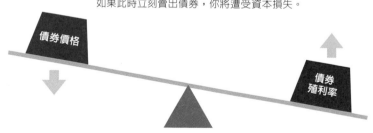

資料來源：超馬芭樂製作

上述的「專業」說明，讀者朋友應該也曾經從報章媒體或專家達人那聽過吧？之前的你或此時的你，對債券型基金有清楚概念了嗎？知道什麼時候該單筆投資債券型基金了嗎？若是如此，我就沒有寫書的必要了。就是因爲我們所處的時代已不再是訊息不足的時代，反而是資訊爆炸的時代，坊間有太多管道提供類似上述的專業說明，甚至直接從 Google 與 YouTube 就能搜尋到。只不過「看懂中文」不等於「理解眞義」，火星文如果沒有轉換成地球話，類似的專業火星文看再多也只是事倍功半，甚至只有四分之一、十六分之一，更遑論進出的時機該如何掌握。所以，我重新用地球話告訴你，究竟該怎麼有效率且有效果地單筆投資債券型基金。首先，用你一定能理解的例子，重新釐清對債券型基金的認知。

　　債券的最大特色，就是可以定期領到債息，投入本金＋定期領息，這種感覺是不是很像平常在做的新台幣定存？因爲新台幣定存也是讓我們投入一筆本金後，可以定期領到利息，所以用新台幣定存來舉例，感受度一定最大也最好。假設現在是八月八日父親節，你剛去中華開發工業銀行存了一張 100 萬元的新台幣定存單，年利率 1.35%，表示一年後的八月八日，你不但可以拿回本金 100 萬元，還可以領到 13,500 元的利息（1,000,000 x 1.35%），亦即本利和是 1,013,500 元（1,000,000 +

13,500）。雖然低到令人髮指，但還是大於零，也只好接受。

才過一個月不到，中秋節的狀況就有點不一樣了。你發現國泰世華銀行的一年期新台幣定存利率，竟然高達 4.0%，而且不需要本身是銀行舊客戶，更不需要是銀行頂級會員 VIP 那種特別資格，只要 500 萬元之內任何人都可以去存 ?! 4.0% 不是只比 1.35% 高一點點，而是足足高出將近兩倍，此時的你會怎麼做？會不會當作沒這回事？不大可能吧！你當然會立馬殺去中華開發工業銀行，即使提前解約拿不到原本預期的 13,500 元利息，還是會毫不猶豫地將原來那張 100 萬元的定存單解除，按照 12 分之一的比例領到 1,125 元利息（只存了一個月，所以利息是 13,500 ÷ 12，先不假設會被課除其他費用），然後再手刀衝去國泰世華銀行，用同樣 100 萬元的本金存 4.0% 的一年期新台幣定存。不過，要讓你搞懂債券與債券型基金的最重要假設來了：定存單可以轉賣，但不能提前解約領息。你該怎麼辦？

既然無法提前解約領息，就算去中華開發工業銀行吵鬧翻桌也無濟於事。想賺到較高的利息，只好試著轉賣手上這張 100 萬定存單。你覺得多少錢可以賣得掉呢？開價 100 萬元賣得掉嗎？一個月前中華開發工業銀行的定存利率確實是市場最高，但是一個月後當大家都知道不只國泰世華，其他各家銀行的定存利率也都提高，且統統都高於中華開發工業銀行，誰還

會用原價 100 萬元去買這張利率只有 1.35% 的新台幣定存單？你一定得降價求售了，是吧？

　　有人希望你降價 2%，願意用 98 萬元跟你買手上那張面額 100 萬元的中華開發工業銀行新台幣定存單，你願不願意？有數字比較好判斷，我們就來試算一下。雖然降價 2% 拿不回原來的 100 萬，不過如果把 98 萬元存進國泰世華銀行，未來得到的利息是 39,200 元（980,000 x 4.0%）；加上投入的本金是 98 萬元（注意已經不是 100 萬），本利和將是 1,019,200 元（980,000 + 39,200）。反之如果不賣，繼續持有那張年利率才 1.35% 的中華開發工業銀行新台幣定存單，屆時本利和只有 1,013,500 元。也就是說，降價看似虧本賣，其實不但沒有，反而還多賺了 5,700 元（1,019,200 – 1,013,500）。降價賣出後把錢轉至利潤更高的地方，你會不會賣？會，那就賀成交囉。

　　上述簡單明瞭的例子各位當然看得懂，也完全理解，只要將例子中的「定存單」換成「債券」，就能搞懂債券與債券型基金了。當市場利率已經提高、逐步提高，而且應該還會一直提高時，持有債券的人該怎麼辦？原本用較低利率買的債券不能提前解約領息，持有者就必須到市場降價兜售賣掉，只要不被砍價砍得太誇張，還是可以賣得掉。儘管本金會減損一點點，但把錢存進更高利的債券，反而可以賺更多。利率升得越高，

持有者願意降價的幅度就會更大，對吧？所以，只要升息，債券的價格就會自然地往下掉，而持有債券的債券型基金淨值，當然也會理所當然地下跌。

單筆投資債券型基金

「芭樂大，你先不用講，我知道！單筆投資就像是波段操作，可以按照之前提到的股票與股票型基金的波段操作方式。如果資金相對充裕，就在周線 K 值已經落在 25 以下的低檔、且出現 K 值往上穿過 D 值的黃金交叉時買進，等到周線 K 值已經超過 75、且出現 K 值往下穿過 D 值的死亡交叉再出場。如果資金相對有限，就在月線 K 值已經落在 25 以下的低檔、且出現 K 值往上穿過 D 值的黃金交叉時買進，等到月線 K 值已經超過 75、且出現 K 值往下穿過 D 值的死亡交叉再出場，對不對？而且無論是公債指數、公司債指數，還是高收益債指數，也無論是美國還是全球，鉅亨網都有免費的資料可以查得到。只要點進去，把日線調整為周線或月線，就可以簡單地看到不同債券市場指數的 KD 值，也就能掌握低進高出的原則囉？」（如圖 4-1-12、4-1-13、4-1-14、4-1-15、4-1-16）

圖 4-1-12 鉅亨網債券市場指數資料

資料來源：鉅亨網，超馬芭樂製作

圖 4-1-13 巴克萊綜合公債指數走勢

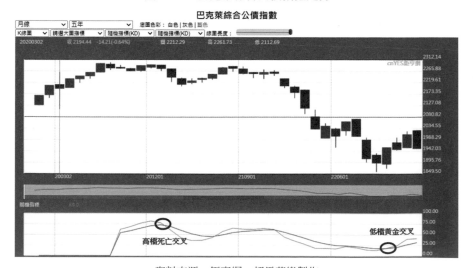

資料來源：鉅亨網，超馬芭樂製作

圖 4-1-14 巴克萊美國政府與公司債指數走勢

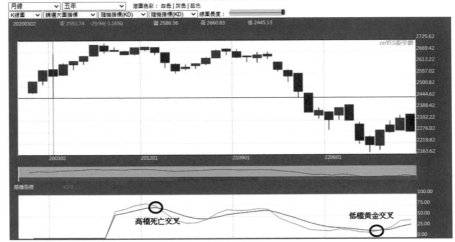

資料來源：鉅亨網，超馬芭樂製作

圖 4-1-15 ICE 高收益債指數走勢

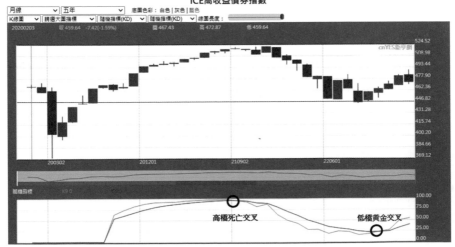

資料來源：鉅亨網，超馬芭樂製作

圖 4-1-16 ICE 美國高收益債指數走勢

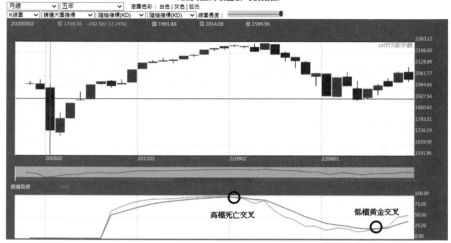

資料來源：鉅亨網，超馬芭樂製作

　　可以清楚地表達上述論點，表示你非常認真地在看這本書，不過錯了！別驚訝，不是你記錯波段操作的進出原則，而是基於債券型基金本身的特質，我不會用這種方式來單筆投資債券型基金。這麼說好了，股票型基金的特色，就是通常沒有配息或有一點配息；亦即股利配息為輔，賺取價差的資本利得才是主。所以，股票型基金淨值的高低震盪會比較大，單筆投資預期的超額報酬才有機會獲取。反觀債券型基金，最大也最重要的特色，就是**穩定配息**；亦即**賺取價差的資本利得為輔**，

債券配息為主。也因此，債券型基金淨值的起伏變化通常比較小，既然操作的空間相對較小，波段操作債券型基金不就是本末倒置的投資方式？在鉅亨網是可以查到包括美國與全球的公債指數、公司債指數、高收益債指數，也能看到不同債券市場指數的 KD 值（如圖 4-1-17、4-1-18），不過，我不會用這種方式進行波段操作債券型基金，而會用另外一個迄今不敗的方式：單筆投資債券型基金。

當市場在升息時，債券的價格與債券型基金的淨值都會因此下跌，即使依然可以拿到穩定的債息，但本金必定會隨著利率的攀升而減損幅度擴大。所以，當市場面臨節節高升的利率，債券型基金的淨值只會每況愈下。希望低進高出的單筆投資，當然不應該在這種時候進場。什麼時候才應該單筆投資債券型基金呢？反過來就好。你手上有一張用 98 萬元買進的一年期定存利率 4.0% 的定存單，當市場的一年期定存利率已經降到 3.0%，若有人還想用 98 萬元跟你買手上那張定存單，你會賣嗎？當然不會，要賣也一定加價才賣，對吧？至於可以加價多少，就看當時市場的利率狀況。利率降得越多，你的加價幅度自然可以更高。因此，單筆投資債券型基金的最佳時機，便是市場開始降息，也就是當美國聯準會 Fed 正式宣布降息，便是通知你該進場單筆投資。

圖 4-1-17 鉅亨網可查到各種債券市場的指數

資料來源：鉅亨網，超馬芭樂製作

圖 4-1-18 點擊債券市場便能看到 KD 指標，記得要改成「月」

資料來源：鉅亨網，超馬芭樂製作

如圖4-1-19所示，當 Fed 開始升息→持續升息→停止升息，都還不用急著進場單筆投資債券型基金，**一定要等到 Fed 正式宣布降息的那天，才單筆投資債券型基金**。目前的市況是 Fed 還處於升息階段，會升息多少、升息多久，坊間的論點太多，我當然也有想法。不過讀者朋友就跟我一樣，靜靜地等 Fed 正式宣布開始降息的那天，再一起單筆投資優質的債券型基金吧。

圖 4-1-19 美國聯邦基金利率走勢 (1)

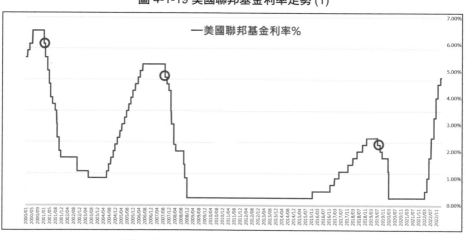

資料來源：Federal Reserve Board，超馬芭樂製作

那麼，單筆投資的債券型基金何時該出場？其實你知道答案，只是想跟我核對一下。沒錯，就是 Fed 正式宣布開始升息的那一天（如圖 4-1-20）！

圖 4-1-20 美國聯邦基金利率走勢 (2)

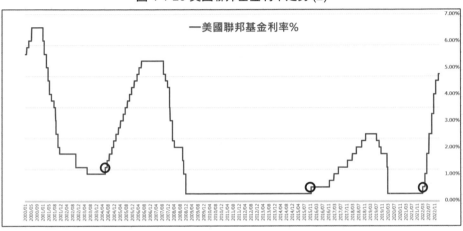

資料來源：Federal Reserve Board，超馬芭樂製作

至於當單筆投資的機會出現時，該買進哪檔債券型基金？再來就進入定期定額投資基金吧。

「基」不可失之
定期定額股票型基金

　　先簡介一下或許你早就知之甚詳的定期定額概念，不過要先強調以下所述是教科書與專家的說法。定期定額是什麼？定期定額指的是固定時間投入固定金額的投資方式，用類似強迫儲蓄的方式，讓投資人定期投入資金到市場中，可降低一次進場被套牢在高點的窘境，對於對市場還不熟悉、沒有這麼會看進出場點的人來說，風險相對低。另外，因為投資門檻低，且資金可以彈性設定，更適合大眾投資人。

　　為什麼專家很推薦一般大眾使用「定期定額買基金」的方式投資，不僅是因為定期定額的觀念好懂、投資門檻低，另一方面，定期定額風險相對低，就算沒有相關財經背景、不懂怎麼研究個股，也可以透過定期定額買基金的方式，賺取合理

的報酬。再來，因為標的是基金，透過專業機構、專業投資團隊來操盤，一次幫你選出數十檔具有成長潛力的個股（或者債券），不僅做到風險的分散，且投資標的會根據市況汰弱留強，持續搭上最新投資趨勢。不像個股有可能因為前景轉變而一蹶不振，風險也相對降低很多。對於投資新手來說，可以說是最容易成功的理財方式（如圖 4-2-1）。

圖 4-2-1 定期定額的核心價值

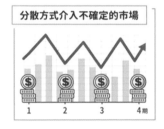

資料來源：投信投顧公會，超馬芭樂製作

定期定額的「微笑曲線」

微笑曲線就是經歷一波景氣循環的過程，意味市場從高點

到低點，再回到高點的過程。簡單舉例，市價從 100 跌到 80 甚至 50，再從 50 回升到 80 再回到 100（如圖 4-2-2）。看似回到原點，但如果投資人是用定期定額扣款，因為成本在過程中已經降低，因此面對同樣 100 的市價，投資人其實已經開始獲利。所以遇到市場下跌時，也要繼續扣款不停扣，甚至提高扣款金額，才可以累積更多的單位數，以及持續降低單位平均成本。當投資時間夠長便可獲利出場，這就是定期定額以及微笑曲線的精髓所在。高檔買少、低檔買多，讓成本持續平均。在低檔停扣，將會失去定期定額投資法的優勢。如果手上的定期定額投資有賺錢，也要懂得適時停利贖回，讓獲利入袋以保住勝果。至於該怎麼停利？可以用絕對數值，比如獲利 15%~20%，雖說停利的絕對數值沒有標準答案，但一般來說二成左右的獲利確實是市場普遍的停利共識。

圖 4-2-2 定期定額的微笑曲線

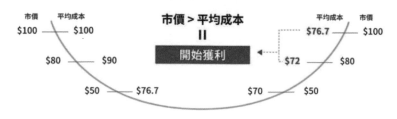

資料來源：投信投顧公會，超馬芭樂製作

定期定額越早開始，效果越好。假設以擁有 1,000 萬元為投資目標，投資在年化報酬率 6% 的標的。根據試算，從 25 歲開始投資，每個月定期定額只需投入約 5 千元，細水長流、聚沙成塔，40 年後的 65 歲便可擁有 1,000 萬元。若時間延後到 35 歲才開始投資，每個月則需投入約 1 萬元，才能在 65 歲時擁有 1,000 萬元。晚十年開始，投資金額就必須加倍，可見越早開始投資效果越好。而且持有的時間要夠長夠久，讓複利效果來幫忙，樂活退休就不是夢！

　　我雖然是金控集團證券自營部的操盤人出身，股市投資與操作本就是我吃飯的傢伙，也是我之所以能提早退休的方法之一，不過我對基金投資、尤其是定期定額投資基金，同樣有著濃厚興趣。我也是靠上述那些內容獲利的嗎？不是，上述內容我將近三十年前就聽過了。不過我的運氣還不錯，從接觸的一開始就對上述說法抱持中立甚至存疑的態度，之後才能找到真正定期定額穩定獲利的方法。我有哪些疑問？

　　一、書上說定期定額中途千萬不要停扣，因為是以時間換取空間，積少成多、聚沙成塔的長期投資方式。那麼，中途不停扣的「長期」，是十年、八年，還是十八年（甚至一輩子）？但書上也提醒要適時汰弱留強，不要死不認錯還悶著頭一直扣

款，我們到底該不該一直扣款？這就像用結果來倒推，結果若好，中途不停扣就發揮定期定額的複利效果，中途停扣就是錯的；結果若不好，中途不停扣就叫做盲目硬凹，中途停扣便是睿智的決定?!

二、有些專家說定期定額中途可以停利，設定某種停利幅度，比如 15% 或 20%。我可不可以把停利幅度設為比較低的 12%，或者比較高的 43%、55% 甚至 67%？為什麼這樣不好？停利標準低於 20%，會因太怕死而錯失賺錢的機會？停利標準設高一點，會因太貪婪而只是紙上富貴嗎？

三、我懂逢低加碼更能降低單位成本與累積單位數，也懂越跌越加碼的效果更明顯，但是在不假設有加薪、不假設有中樂透、不假設得到遺產，甚至不假設我有年終獎金，那麼，高檔能月扣 5 千元，低檔想扣 5 千、1 萬甚至 2 萬元的資金，哪裡來？

只懂實戰的我不習慣、也不喜歡講不切實際的好聽話。根據上述，其實就算不提高扣款額，每月都是用 5,000 元扣款，只要心態正確、選擇正確、標的正確、策略正確，一樣可以獲利，只是會很可惜。如同之前所說，總投資報酬率一樣是 50%，10 萬與 40 萬的 50%，當然差很多。更別說固定扣款月

金額 vs 跌越加碼的策略，同個市場同檔基金，以投資報酬率來說，後者當然遠勝前者。接下來，我們就來跑一次傳統的定期定額投資基金，釐清上述三個定期定額投資基金的迷思，也分享真正能穩定獲利的定期不定額投資方法。

傳統定期定額的特色，就是遇到市場下跌時也要繼續扣款不停扣。持續扣款才可以累積相對便宜單位數，持續降低成本，漲上來時不急著出場，透過長期投資的方式來獲利。如圖 4-2-3，每月扣款 5,000 元，不要去管市場漲跌，乖乖每月扣款 5,000 元，經歷了七年四個月的時間，儘管基金淨值尚未回到起扣點的淨

4-2-3 傳統的定期定額微笑曲線

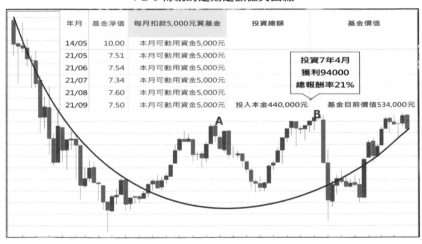

年月	基金淨值	每月扣款5,000元買基金	投資總額	基金價值
14/05	10.00	本月可動用資金5,000元		
21/05	7.51	本月可動用資金5,000元		
21/06	7.54	本月可動用資金5,000元		
21/07	7.34	本月可動用資金5,000元	投資7年4月	
21/08	7.60	本月可動用資金5,000元	獲利94000	
21/09	7.50	本月可動用資金5,000元	總報酬率21%	

投入本金440,000元　　基金目前價值534,000元

資料來源：超馬芭樂製作

值（大約只回到60%），還是創造了21%的投資報酬率。投入本金44萬元，獲利總額9萬4千元。將近七年半的時間，這樣的操作績效你滿意嗎？無論是否滿意，過程中的兩個情境很值得討論。

首先，定期定額的微笑曲線有左半部與右半部。當在微笑曲線左半部扣款時，儘管我們知道單位成本會因此降低，累積單位數也會增加，不過每月對帳單看到的未實現損益，只有負得少跟負得多的差別而已。亦即在微笑曲線左半部扣款時，我們得認清事實：現在是有效率的布局，還無法拿到有效果的獲利，確實不能停扣，且心態不能傷心哀怨，不能因為看到帳面的未實現虧損就停扣。

其次，正因為發揮了微笑曲線的功能，基金淨值就算還沒回到起扣點的淨值也可以獲利。不過，你很清楚A點跟B點都已經獲利了，或許是因為還沒達到預設的停利幅度，更可能因為你認為定期定額就不該停利停扣，所以A點跟B點就像紙上富貴。對我或對你而言也一樣，看得到的獲利都是假的，放進口袋的獲利才是真的。所以，那種一扣就扣十年、八年、十八年的王寶釧式定期定額投資基金，我從不做，也不鼓勵你做。只要到了該停利的時候，就請停利出場重新起扣。這個做法有多重要，就來跑一次操作過程吧。

真正穩定獲利的定期定額投資法

　　剛開始我也是每月扣款 5,000 元，不過到了 A 點的時候，我知道該停利出場了。還記得定期定額是停利而不是停扣吧？本來我的月扣金額是 5,000 元，不過當順勢停利之後，身上是不是多一筆閒置資金 27 萬多？就算沒有加薪、沒中樂透、沒得遺產，甚至沒年終獎金，是不是也能因此提高每月扣款金額？同樣的投資報酬率，一旦投資本金增加，獲利總額是不是也就更多了？（如圖 4-2-4）

圖 4-2-4 實戰的定期定額微笑曲線 (1)

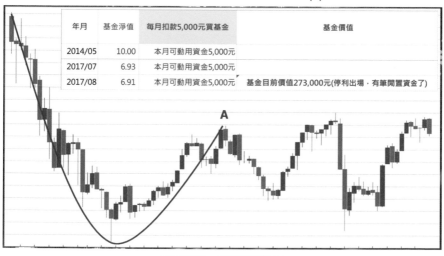

年月	基金淨值	每月扣款5,000元買基金	基金價值
2014/05	10.00	本月可動用資金5,000元	
2017/07	6.93	本月可動用資金5,000元	
2017/08	6.91	本月可動用資金5,000元	基金目前價值273,000元(停利出場，有筆閒置資金了)

資料來源：超馬芭樂製作

A 點停利出場，我身上不但多了一筆 27 萬多的閒置資金，也重啓下一次的定期定額扣款。本來的月扣金額是 5,000 元，因爲身上多了一筆錢，所以可提高每月扣款金額。要提高多少呢？請將這筆資金分成兩年共 24 個月，等於每個月多出超過 10,000 元的扣款金額，算一算每月扣款金額便提高至超過 16,000 元了。又一次微笑曲線，然後到了 B 點，我還是知道該停利出場。定期定額是停利而不是停扣，本來的月扣金額已經擴增至超過 16,000 元，不過當 B 點順勢停利之後，身上又多了一筆閒置資金超過 60 萬元，是不是又能因此提高下一次的每月扣款金額？（如圖 4-2-5）

圖 4-2-5 實戰的定期定額微笑曲線 (2))

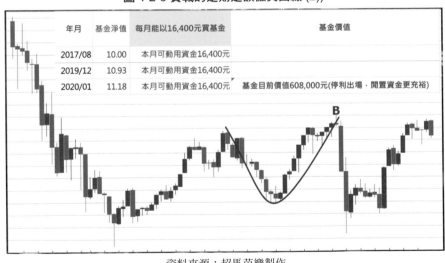

年月	基金淨值	每月能以16,400元買基金	基金價值
2017/08	10.00	本月可動用資金16,400元	
2019/12	10.93	本月可動用資金16,400元	
2020/01	11.18	本月可動用資金16,400元	基金目前價值608,000元(停利出場，閒置資金更充裕)

資料來源：超馬芭樂製作

B 點停利出場，我身上多了一筆超過 60 萬的閒置資金，也要重啓下一次的定期定額扣款。本來的月扣金額是 16,400 元，但因爲多了一筆錢，且將資金分成兩年共 24 個月，等於每個月又可以多出約 15,000 元的扣款金額。算一算，每月扣款金額便提高至超過 30,000 元。再一次微笑曲線，然後到結束，我還是知道該停利出場。此時的帳面金額已經超過 80 萬元，總計投資報酬率達 84%，投入本金依然是 44 萬元（月扣金額的增加不是從其他地方挖來的，是順勢停利賺到的），獲利總額將近 37 萬元，投資績效比傳統定期定額法高出四倍。如果傳統定期定額的 21% 操作績效你就已經滿意，這樣的 84% 操作績效，會不會更滿意？（如圖 4-2-6）

圖 4-2-6 實戰的定期定額微笑曲線 (3)

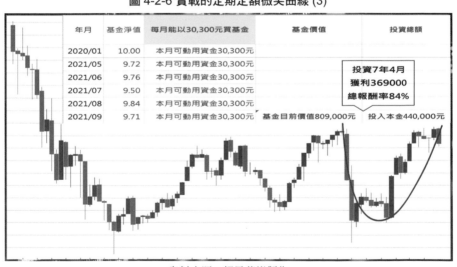

年月	基金淨值	每月能以30,300元買基金	基金價值	投資總額
2020/01	10.00	本月可動用資金30,300元		
2021/05	9.72	本月可動用資金30,300元		
2021/06	9.76	本月可動用資金30,300元	投資7年4月 獲利369000 總報酬率84%	
2021/07	9.50	本月可動用資金30,300元		
2021/08	9.84	本月可動用資金30,300元		
2021/09	9.71	本月可動用資金30,300元	基金目前價值809,000元	投入本金440,000元

資料來源：超馬芭樂製作

至此，我相信你已經知道想用定期定額的方式存基金、積財富時，絕對不能死扣活扣不停扣，到了該停利的時候一定要順勢下車。這樣才能在重新啟動下一次定期定額投資時，有效率地提高扣款金額。什麼才是該停利的時候？相信有些讀者已經嗅到味道甚至知道答案了。沒錯，就是透過月 KD 高檔死亡交叉。

以俄羅斯市場為例。俄羅斯一天到晚跟烏克蘭有紛爭，吵架互罵幾乎從未止歇，偶爾也會擦槍走火地打架互毆。但是，你是否還記得這場撼動全世界的俄烏戰爭是哪時開始的？ 2022年 2 月 24 日，剛好是我們歡度農曆新年後沒多久。另一個問題：當俄烏戰爭在全世界的錯愕中正式開打，俄羅斯股市從前一天約 1204 點，僅一個交易日就暴跌至約 742 點，跌幅將近 40%（盤中最低點還曾跌到約 610 點，跌幅將近 50%），請問還有獲利的定期定額部位可以逃嗎？逃得掉嗎？該怎麼逃？又準備化身王寶釧，給它定期定額十年、八年、十八年嗎？其實根本不用。

請看俄羅斯股市的月線圖，在 2021 年 12 月之前的月 KD 就已經超過 75，2021 年 12 月（即圖 4-2-7 B 點）出現月 K 值往下跌破月 D 值的死亡交叉。如果你跟我其他朋友一樣，早就知道這代表什麼意思，將定期定額投資俄羅斯基金的部位全數停利出場（定期定額只要該停利，不會只贖回部分，而是全部贖回），之

後意料之外的俄烏戰爭，於你是否毫髮無傷？也就是憑藉這個判斷方式，不同市場的定期定額投資基金，都會在最恰當的時間停利出場。不是因為達到書中統稱的獲利 15% 或 20%，而是市場沒有要我離開，就無須自己嚇自己、看到黑影就下車。一旦市場告訴我該走，無論那時獲利只有 12% 還是超過 55%，我既不會抱怨嫌少，也不貪婪不捨，一定會順勢離場。

圖 4-2-7 俄羅斯指數月 KD 值狀況

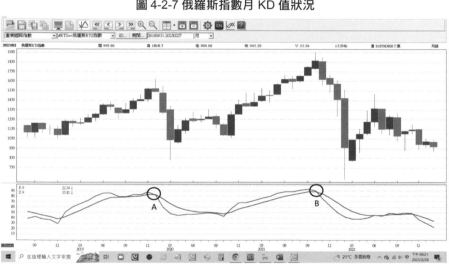

資料來源：CMoney，超馬芭樂製作

　　大道至簡，一以貫之。想用定期定額的方式存基金、積財富，超馬芭樂的做法與建議有二：

一、定期定額任何時間都可以進場扣款，但扣款時間至少得超過一年。我們不是每月扣款 10 萬元，比如只扣 5,000 元，扣三個月就出場。即使不算費用獲利 20%，本金 15,000 元，獲利兩成等於賺了 3,000 元後停利出場，這個 3,000 元根本無法增加每月的扣款額，重新起扣的月扣額還是 5,000 元。所以，不奇怪嗎？

　　二、定期定額扣款超過至少一年後，當市場出現月 KD 高檔死亡交叉時，先不急著贖回。如果你的投資部位此時尚未出現獲利至少 10% 的水準，就先不離開，繼續定期定額扣款。必須是「月 KD 高檔死亡交叉」+「帳面未實現收益至少 10%」，定期定額才會打完收工、全部贖回。例如在圖 4-2-7 的 A 點開始扣款，到了 B 點，市場出現月 KD 高檔死亡交叉，如果帳面的未實現收益只有 8%，那就不用贖回繼續扣。

如何遴選股票型基金投資標的？

觀念一、挑選震盪幅度大，而非平靜無波者。根據標準差與 Beta 值的大小來判斷。

當進行單筆投資的時候，你希望買進的基金是乘風破浪衝衝衝，還是平靜無波穩穩穩？當進行定期定額投資的時候，你希望買進的基金在微笑曲線左邊修正幅度大一點，不但可以更有效率的降低單位成本，也能更有效果地累積基金單位數？還是微笑曲線右邊上漲幅度大一點，創造更大的投資收益？或是在微笑曲線的左邊不太跌、右邊也不太漲，降低單位成本與累積基金單位數的力道都不足，上漲也沒力氣？你很清楚，無論是用單筆投資還是定期定額的方式投資基金，我們需要的基金都希望是上下起伏大、震盪幅度大、漲跌空間大的怒吼天尊，而不是市場修正它不動，別人在漲它也不動的不動明王吧？那要怎麼知道每檔基金的起伏震盪效果如何？在分享方法之前，得先說明兩個頗有火星文味道的東西：標準差與 Beta 值。

標準差是一組數據平均值分散程度的一種度量。一個較大的標準差，代表大部分數值和其平均值之間差異較大；一個較小的標準差，代表這些數值較接近平均值。一般來說，標準差較小表示沒有起伏、比較穩定；反之，標準差數值越大，表示

波動性越大，震盪明顯。雖然有點火星文，不過讀者朋友應該還沒忘，無論是用單筆投資還是定期定額的方式投資基金，我們需要的基金都希望是上下起伏大、震盪幅度大、漲跌空間大的怒吼天尊。那麼我們要找的基金，是不是標準差大比較好？是的。

至於 Beta 值，又常被稱為風險係數，是一種評估系統性風險的工具。通常利用 Beta 值來衡量單一標的對比整體市場（大盤）的波動性，也就是投資的商品報酬相對於大盤表現的波動程度。Beta 值若為 1，代表大盤漲跌多少，基金就漲跌多少；Beta 值大於 1，表示大盤若上漲，基金不但會漲且漲得多一些，反之當大盤下跌，基金同樣會跌且跌得多一點；Beta 值小於 1，表示大盤若上漲，基金不但會漲但漲得少一些，反之當大盤下跌，基金同樣會跌但跌得少一點。不用再問，相信你已經知道我們要找的基金，是不是 Beta 值大比較好？是的。

觀念二、至少選擇五個重要時間進行評估，不能只看一次表現判定。 以韓國基金為例，五個重要時間分別為圖 4-2-8 的 2022 年 9 月、2021 年 6 月、2020 年 3 月、2018 年 1 月、2016 年 11 月。2022 年 9 月市場行情下跌了一大段、2021 年 6 月市場行情上漲了一大段、2020 年 3 月市場行情下跌了一大段、

圖 4-2-8 韓國指數月線圖

資料來源：CMoney，超馬芭樂製作

2018 年 1 月市場行情上漲了一大段、2016 年 11 月則是市場橫向整理的一大段，那正是我們必須審慎評估的市場重要時刻。

　　例如中國市場的重要時間為圖 4-2-9 的 2022 年 10 月、2021 年 2 月、2019 年 1 月、2018 年 1 月、2016 年 1 月。

　　好的，我們開始按部就班地試著了解基金的標準差跟 Beta 值。

4-2-9 中國上證指數月線圖

步驟一：從奇摩首頁查詢處，輸入「SITCA」進行查詢（如圖 4-2-10）。

圖 4-2-10 查詢投信投顧公會

步驟二：點選第一個 SITCA，進入中華民國證券投資信託暨顧問商業同業公會（以下簡稱投信投顧公會）（如圖 4-2-11）。

圖 4-2-11 點擊投信投顧公會

資料來源：yahoo! 奇摩，超馬芭樂製作

步驟三：進入【統計資料】→【境外基金各項資料】→【其他資訊】（如圖 4-2-12）。

步驟四：點選基金評比績效之【理柏版本】（如圖 4-2-13）。（想點選晨星版本當然也可以，除非雙方的資料有誤，不然遴選過程的數據與答案一樣。）

圖 4-2-12 進入投信投顧公會統計資料

資料來源：投信投顧公會，超馬芭樂製作

圖 4-2-13 進入理柏版本

資料來源：投信投顧公會，超馬芭樂製作

步驟五：點選 E01 基金類別平均報酬率之【基金類別績效】（如圖 4-2-14）。

圖 4-2-14 進入基金類別績效

資料來源：投信投顧公會，超馬芭樂製作

步驟六：將日期時間改成韓國市場重要時間之一的 2022 年 9 月（如圖 4-2-15、4-2-16）。

步驟七：滑鼠往下移動，找到【南韓股票】（如圖 4-2-17）。

圖 4-2-15 調整查詢時間

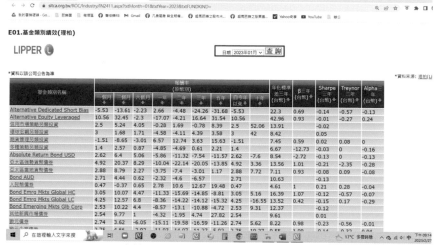

資料來源：投信投顧公會，超馬芭樂製作

圖 4-2-16 確認查詢時間

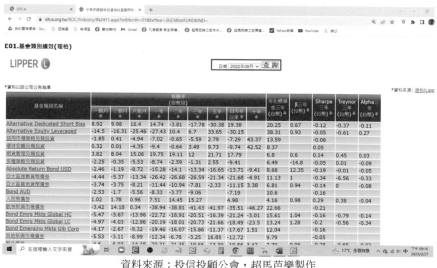

資料來源：投信投顧公會，超馬芭樂製作

圖 4-2-17 確認查詢時間與市場

資料來源：投信投顧公會，超馬芭樂製作

　　步驟八：按下年化標準差旁邊的向下箭頭，便能看出標準差由大到小的排序（如圖 4-2-18）。

　　步驟九：標準差由高到低的排序，利安資金韓國基金（美元）＞摩根南韓基金（美元）＞霸菱韓國基金 A（美元）＞安聯韓國股票基金 A（美元）。我建議以美元計價的基金為主，其他如新幣、日幣、澳幣、人民幣甚至南非幣，還需要進一步的匯率評估。然後按下 β 旁邊的向下箭頭，便能看出 Beta 值由大到小的排序（如圖 4-2-19）。

圖 4-2-18 南韓基金標準差資料

資料來源：投信投顧公會，超馬芭樂製作

步驟十：Beta 值由高到低的排序，則是摩根南韓基金（美元）＞利安資金韓國基金（美元）＞霸菱韓國基金 A（美元）＞安聯韓國股票基金 A 配息（美元）。

評估至此，我們知道當市場行情一路上漲時，綜合了標準差與 Beta 值的排序，不是霸菱韓國基金與安聯韓國股票基金有問題，而是摩根南韓基金（美元）跟利安資金韓國基金（美元），會是我們比較屬意的那種上下起伏大、震盪幅度大、漲跌空間

圖 4-2-19 南韓基金 Beta 值資料

資料來源：投信投顧公會，超馬芭樂製作

　大之標的。不過請注意，這也只不過是一次的經驗值，就像現金股利或股票股利存股時，我也不會只看一年的數據就遴選標的，基金同樣不能單憑一次的經驗值就挑出最適當標的。因此，繼續執行步驟六到步驟十的動作，先把步驟六的評估時間改成另外四個特別時間 2021 年 6 月、2020 年 3 月、2018 年 1 月、2016 年 11 月，礙於篇幅，就不再一一列出。

　　綜合了五個重要時間的標準差與 Beta 值排序，就會知道利安資金韓國基金（美元）還不錯，摩根南韓基金（美元）更

OK，這就是面對現實之後的逐夢踏實。至於其他市場的標的，希望讀者朋友願意親自動手，認真地把答案找出來。不過在此分享一小部分我選出來的標的，期待你能找時間用上述步驟予以檢視。其他市場或產業型的基金，也可以自己試一試。

- 台灣：統一台灣動力基金、復華中小精選基金。
- 中國：GAM Star 中華股票基金、艾德蒙得洛希爾中國基金。
- 美國：貝萊德美國增長型基金、富蘭克林坦伯頓 - 美國機會基金。
- 巴西：匯豐環球投資 - 巴西基金、瀚亞巴西基金。
- 日本：景順日本小型企業基金、瀚亞投資 - 日本動力基金。
- 印尼：瀚亞投資 - 印尼基金、安聯印尼基金。
- 印度：聯博印度成長基金、摩根印度基金。
- 俄羅斯：匯豐環球投資 - 俄羅斯基金、瑞銀 (盧森堡) 俄羅斯基金。
- 韓國：摩根南韓基金、利安資金韓國基金。
- 泰國：利安資金泰國基金、瀚亞投資 - 泰國基金。

「基」少成多之定期定額債券型基金

　　你應該還記得債券型基金的操作模式，與 Fed 的升降息利率政策息息相關。當美國聯準會 Fed 正式宣布降息，就是通知你該進場單筆投資。反之，當 Fed 正式宣布開始升息的那一天，債券型基金的單筆投資就要出場。定期定額的方式略有調整，但道理相同。首先，定期定額投資可以在任何時間進場，不需要像股票型基金那樣以月 KD 高檔死亡交叉出場，而是當美國聯準會 Fed 正式宣布升息，表示債券價格與債券型基金價格已臻高點。接下來債券價格與債券型基金價格，將會隨著持續升息而一直修正，即使債息的優點仍在，淨值的減損仍會減損總報酬。因此，我會將定期定額的部位在淨值高點先全數獲利贖回，再重啟定期定額扣款之路，直到升息循環結束進入降息階段，再進入下一次升息風再起時。

　　至於如何遴選債券型基金投資標的？我萬分感謝生在這個時代，可以透過網路找到陪席率穩定且高的優質債券型基金。來吧，按部就班地照步驟一起走一趟吧。

　　步驟一：點開奇摩首頁，輸入「鉅亨買基金」查詢（如圖 4-2-20）。

圖 4-2-20 進奇摩首頁查詢「鉅亨買基金」

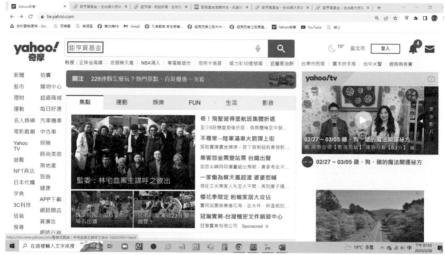

資料來源：yahoo! 奇摩，超馬芭樂製作

圖 4-2-21 進「鉅亨買基金」的配息專區

資料來源：鉅亨買基金，超馬芭樂製作

圖 4-2-22 進配息專區查詢美元計價債券型基金

資料來源：鉅亨買基金，超馬芭樂製作

步驟二：點擊【買基金】→【配息專區】（如圖 4-2-21）。

步驟三：先點【基金類型】之債券型，再按【計價幣別】之美元（如圖 4-2-22）。（其他幣別要另行考量匯率風險。）

步驟四：本書截稿時，台灣合法上架的美元計價債券型基金共有 650 檔，不過這是月配型、季配型、半年配型與年配行都包含在內，而此四種不同配息期間的債券型基金，只要是年化配息率穩定且高者，都屬於優質的債券型基金。例如你先點選年配，就會看到年化配息率由高至低的排序中，目前是富達

圖 4-2-23 查詢年配型美元計價債券型基金

資料來源：鉅亨買基金，超馬芭樂製作

新興市場債券基金跟宏利環球基金 - 美國特別機會基金較優。
不過請特別注意，若是明天就要定期定額者，參考這兩檔基金
自然 OK；不過對於想單筆投資優質債券型基金者，得等到進
場機會出現時再來按鍵遴選（如圖 4-2-23）。

　　步驟五：再點選半年配，就會看到年化配息率由高至低的
排序中，目前是景順新興市場債券基金跟紐約梅隆美國市政基
礎建設債券基金較優（如圖 4-2-24）。

圖 4-2-24 查詢半年配型美元計價債券型基金

資料來源：鉅亨買基金，超馬芭樂製作

　　步驟六：再換成季配，就會看到年化配息率由高至低的排序中，目前是富蘭克林坦伯頓 - 新興國家固定收益基金跟 MS 全盛通脹調整債券基金較優（如圖 4-2-25）。

　　步驟七：再看看月配，就會看到年化配息率由高至低的排序中，目前是鋒裕匯理新興市場當地貨幣債券基金與 NN(L) 新興市場債券基金較優（如圖 4-2-26）。

圖 4-2-25 查詢季配型美元計價債券型基金

資料來源：鉅亨買基金，超馬芭樂製作

圖 4-2-26 查詢月配型美元計價債券型基金

資料來源：鉅亨買基金，超馬芭樂製作

夠簡單吧？透過適當的平台，無論是投信投顧公會還是鉅亨網，不但都免費，還將複雜繁瑣的基金資料完整備妥。只要原則清楚，邏輯搞懂、步驟熟悉，就能循序漸進、按部就班地找到期待的優質基金。

◆ 超馬芭樂之一「支」千金

　　我有手機、筆記型電腦與桌上型電腦，也有自己的臉書跟gmail。無論平日還是假日，甚至逢年過節與連續假日，我每天都會悠遊於總體經濟、國際金融、財務報表、技術分析等不虞匱乏的訊息與密密麻麻的數字中。要不要猜猜看，我一個月包括通話費與上網費的費用會是多少？

　　有時候速度快一點，有時候腳步緩一點，但時代與文明從來不會停下前進的步伐。比起用「推陳出新、突飛猛進」來形容，我覺得「瞬息萬變、一日千里」或許更加貼切。人與人的聯繫互動方式，從飛鴿傳書、快馬加鞭，進步到郵寄書信、傳統電話，再進步到目前的行動網路與智慧型手機，常感覺好像一覺起床，外面的世界就有了些許的不一樣。事實上，對於絕大多數人來說，智慧型手機已經是日常生活中不可或缺、甚至絕對必要的配備。無論上班工作、朋友交際、外出旅遊、聚會聊天，出門可以不帶背包，也可以不帶錢包鈔票，但絕對不能不帶手機。使用智慧型手機的好處多到不勝枚舉，這邊簡單提

幾個就好：

一、行動網路便利性高：市面上的智慧型手機，基本上都支援行動網路、**Wi-Fi** 連線功能。連上網路後，無論是想傳送免費訊息、視訊通話，或是上網瀏覽文章查資料、追劇玩遊戲，都能輕鬆辦到，實用性與便利性都相當高！

二、具有教育功能：現在 **App Store / Google Play** 商店，都有上架多款教育類型的手機 **App**，讓孩童與大人能隨時透過智慧型手機，一同學習新知、寓教於樂。

三、隨時處理工作：只要你的智慧型手機有網路，就可以隨時遠距離處理文書工作、聯繫業務內容，不像傳統手機只能用於通訊聯繫。

四、相機畫素更高：智慧型手機的各項規格配置都高於傳統手機，以民眾普遍有感的相機來說，現在用手機就能隨時拍攝清晰的照片 / 影片，甚至可以一鍵分享上傳到社群平台，使用上多功能又便利。

的確，智慧型手機提高了我們的工作效率，節省時間成本。現今網絡通訊的發達與便捷，使得員工與員工之間、上級與下級之間、客戶與經理人之間、老師與學生之間、病人與醫生之

間等各式各樣的公共關係，溝通交流與任務信息的傳達變得毫無障礙，雙方身處異地也能及時準確地進行手頭的工作與項目。另外，交通的發達將親人之間的距離拉得越來越遠，發生什麼突發事件，比如交通事故、歹徒行凶、自然災害等，家人肯定幫不到我們。這時，手機的作用就顯得異常重要。同時，智慧型手機也增加我們生活的情趣，調劑生活的枯燥乏味與壓力。手機裡各種通訊聊天工具，給了人與人之間除了對話之外另一種新鮮且有趣的交流，有時很多話用嘴巴說出來的意境和感覺不夠充分，透過手機傳達語音或影片，或者文字加表情的方式，給對方帶來的情感衝擊會更強烈，使得生活更富有情調，彼此間的感情也更上一層樓。

論及投資操作也一樣，包括資訊的取得、數據的評估、市場的追蹤、下單的執行等，無論我待在板橋工作室還是跑去貓空品茗軒，人在台北南港還是屏東楓港，只要一支智慧型手機，所有該做的事與該完成的工作，都能因此順利進行與完成。換句話說，透過現代科技的發展與進步，我確實因此深蒙其利。但是，當我離開辦公室回到家、當我洗完澡準備吃飯、當我放假出去玩，依然必須與智慧型手機脣齒相依、形影不離嗎？我不認為該是如此，也不喜歡這種生活！

舉個例子吧。如果我是以賣炸雞排養活一家大小五口的夜

市攤販，會不會用進口的高級橄欖油？不可能，因為成本太貴了，但我一定會選用衛生署檢驗合格的優良油品。我會不會取六星級烏骨雞的雞胸來當雞排？也不可能，因為費用太高，但一定也會選用合法的電宰雞肉。至於其他原物料如油炸時所需的裹粉、增添美味所需的胡椒粉或辣椒粉、包裝雞排所需的紙袋，我不可能選用頂級夢幻的原物料，但一定是優良合格的原物料。每天傍晚開始努力炸雞排賣雞排，希望能賺錢溫飽、養家活口，到這裡我想你也認同。不過，接下來的問題就非常有趣了。既然我靠炸雞排謀生賺錢，既然是靠炸雞排買車買房，那麼，應不應該讓自己跟家人一日三餐甚至下午茶加宵夜，通通吃炸雞排？不需要吧？就使用智慧型手機而言，我的態度也是如此：智慧型手機確實惠我良多，但不需要跟它形影不離。

我完全相信智慧型手機具有無法替代的價值，只不過凡事有利就有弊，天底下本就沒有完美的事情。智慧型手機的普遍，確實增加了我們生活的深度與廣度，不過卻因此失去了人與人之間互動的溫度。也就是說在使用智慧型手機的當下，常常不知不覺著迷甚至上癮。事實上，會出現這種現象也是必然，就像到吃到飽的餐廳一樣，錢都付了，各項美食就形同免費取用，怎麼可能只輕食小酌。就算不是狼吞虎嚥，但食量肯定大增甚至倍增，對吧？既然都已經付了月租費 599、899 或 1,299 元

的網路吃到飽費用，如果不無時無刻滑個兩下，是不是有點對不起自己？更別說外面的車站、餐廳、咖啡廳，甚至便利商店與公園，幾乎每個地方都提供免費 Wi-Fi，少數不是網路吃到飽的朋友也不用擔心，只要 Wi-Fi 的帳號密碼敲進去，同樣可以盡情暢遊，如果不隨時隨地點個兩下，是不是有點對不起國家？所以，在這樣的天時地利人和條件之下，就常看到、甚至時時刻刻都有可能看到這種情境：吃飯喝茶配手機、聊天哈啦配手機、等車坐車配手機、遊山玩水配手機，甚至連洗澡都要配手機，有種沒了手機，人生頓失方向的感覺。

手機的內容多元新穎，但是我不想看著螢幕，只喜歡看著人的表情與其共餐；手機的效果又炫又棒，但是我不想看著螢幕，只喜歡看著人的眼睛與其交流；手機的功能日新月異，但是我不想看著螢幕，只喜歡看著人的笑容與其互動；手機的影音燦爛絢麗，但是我不想看著螢幕，只喜歡聽著人的聲音與其對話。

因此，我多年以來沒有智慧型手機，申辦的是中華電信如意預付卡，而且是完全不能上網的那種。每次儲值只要 100 元，使用期限為六個月，期限

截止前再儲值 100 元便能再使用半年。所以，我一個月包括通
話費與上網費的手機費用，不到 17 元！

國家圖書館出版品預行編目資料

高穩定，超獲利：超馬芭樂帶你一舉攻破定存、個股、ETF、基金
／超馬芭樂（王仲麟）著. -- 初版. -- 臺北市：方智出版社股份有限公司，
2023.06
240面；14.8×20.8公分. --（生涯智庫；213）
ISBN 978-986-175-744-5（平裝）
1.CST：個人理財　2.CST：投資　3.CST：投資分析

563　　　　　　　　　　　　　　　　　　　112005434

www.booklife.com.tw　　　　　　　reader@mail.eurasian.com.tw

生涯智庫 213

高穩定，超獲利：

超馬芭樂帶你一舉攻破定存、個股、ETF、基金

作　　者／超馬芭樂（王仲麟）
發 行 人／簡志忠
出 版 者／方智出版社股份有限公司
地　　址／臺北市南京東路四段50號6樓之1
電　　話／（02）2579-6600・2579-8800・2570-3939
傳　　真／（02）2579-0338・2577-3220・2570-3636
副 社 長／陳秋月
副總編輯／賴良珠
主　　編／黃淑雲
專案企畫／尉遲佩文
責任編輯／胡靜佳
校　　對／胡靜佳・李亦淳
美術編輯／李家宜
行銷企畫／黃惟儂・陳禹伶
印務統籌／劉鳳剛・高榮祥
監　　印／高榮祥
排　　版／陳采淇
經 銷 商／叩應股份有限公司
郵撥帳號／18707239
法律顧問／圓神出版事業機構法律顧問　蕭雄淋律師
印　　刷／國碩印前科技股份有限公司
2023 年6月 初版

定價 390 元　　　　ISBN 978-986-175-744-5